从课堂到课程

教师专业成长12讲

CONG KETANG DAO KECHENG

JIAOSHI ZHUANYE CHENGZHANG 12 JIANG

张祖庆 著

中国人民大学出版社
·北京·

图书在版编目（CIP）数据

从课堂到课程：教师专业成长12讲 / 张祖庆著 . --
北京：中国人民大学出版社，2022.7
ISBN 978-7-300-30774-9

Ⅰ.①从… Ⅱ.①张… Ⅲ.①小学语文课—教学研究
Ⅳ.①G623.202

中国版本图书馆CIP数据核字（2022）第109038号

从课堂到课程：教师专业成长12讲
张祖庆　著
Cong Ketang Dao Kecheng: Jiaoshi Zhuanye Chengzhang 12 Jiang

出版发行	中国人民大学出版社		
社　　址	北京中关村大街31号	**邮政编码**	100080
电　　话	010－62511242（总编室）		010－62511770（质管部）
	010－82501766（邮购部）		010－62514148（门市部）
	010－62515195（发行公司）		010－62515275（盗版举报）
网　　址	http://www.crup.com.cn		
经　　销	新华书店		
印　　刷	北京华宇信诺印刷有限公司		
开　　本	720 mm × 1000 mm　1/16	**版　　次**	2022年7月第1版
印　　张	13.5　插页1	**印　　次**	2024年1月第6次印刷
字　　数	200 000	**定　　价**	68.00元

Contents
目 录

下编　做自己的课程设计师

成长，是修炼出来的

李政涛

虽然不是所有的教师，都能成长为像张祖庆一样的名师，但几乎所有的教师，都有可能成长为像他那样的“明师”：既有对“教育事理”或“教育之道”的明晰，也有对“教师成长事理”或“教师成长之道”的明澈。

其中，“教师成长事理”的核心在于修炼。在本书中，祖庆展示了独特的教师修炼之道。

修炼的本义，来自“修”和“炼”各自的意蕴与内涵。

“修”即修养，有修正之意。人生这棵大树，在生长过程中，时常会长歪，或者生出很多有碍观瞻的斜枝，需要用锐利的剪刀去修剪纠正。因此，生长的方向很重要。美国开国元勋之一本杰明·富兰克林曾说：“宝贝放错了位置，就是废物。”的确如此，祖庆以自己的成长体验为此提供了事实依据：“当年，我一边想成为优秀的教师，一边想当优秀的副校长，结果是两边都没做好。”因此，教师成长之路上首要的修正是方向的修正：“放对位置，就是看准方向。看准方向，比什么都重要。”只有方向确定无误，生命的能量才会灌注在正确的通道上，才能避免把宝贵的能量投入沼泽和迷雾。只有明确了成长路径与策略，才会有的放矢。修正的同时，还要修养。修养是一种功夫，包括养心、养气、养神，核心要义在于专注，包括专注地拜师、专注地阅读、专注地做课程和专注地写作。任何专注都是一种凝视，而且是从学会凝视自己开始：将目光从外部抽回，返回自身，走上反思之路。凝视自身就是反思自身，唯有如此，真正的学习之路与成长之路才开启。

“炼”即锤炼。千锤百炼是教师成长的必经之路。锤炼依然与方向有关，在祖庆看来，方向就是底盘：“只有底盘功夫打扎实了，人才能够冒出来。如果底盘不稳，即便现在到了很高的位置，最终还是会摔得很惨。”底盘功夫就是阅读的功夫，包括读人、读书、读物和读课（听课）。从我个人的生命体验来看，阅读要扎实有效，必须经过细读、研读和“磨读”的过程。祖庆的办法是抄读：“比如我想向于永正、贾志敏、支玉恒这些老一辈名师学习，就把他们所有的教学实录找出来，一篇一篇地手抄下来。抄着抄着，有些内容我就记住了。慢慢地，那些教学评价语、指导朗读的方法、教学设计的智慧就会移植到我的身上。”从表面上看，这是一个笨办法，但实际上却是卓有成效的好办法。通过这种方式，教师可以实现与大家、名家生命能量的共振共生。这绝非轻松惬意的过程，其间的酸甜苦辣，只有真正的修炼者才能品尝到，才能深切体会到锤炼亦是熬炼……

“修”与“炼”存在着内在的契合与关联：有了“修”之后的“炼”，才有底气和根基；有了“炼”之后的“修”，才有落地和扎根的可能。

经历了如上修炼历程的教师，必将踏上真正的成长之路。这条道路必然漫长，也注定孤独，却是实现、创造并因而确证教师自我生命价值的唯一道路。

（李政涛，华东师范大学教育学部教授、博士生导师，华东师范大学基础教育改革与发展研究所所长，教育部“长江学者”特聘教授，国务院政府特殊津贴获得者）

上　编

从优秀走向卓越

第一讲 走出职业生涯的洼地

第二讲 专注力是优秀教师成长的原动力

第三讲 教师专业阅读和专业写作

第一讲
走出职业生涯的洼地

从当教师的第一天起，我就树立了一个职业目标：成为一名卓越教师。我认为，这对我来说无比重要。因此，我将第一讲命名为“走出职业生涯的洼地”。

一、如果生命是一条曲线

一位教师怎样从职初教师成长为骨干教师，再从骨干教师成长为卓越教师呢?

联合国教科文组织有一项关于教师成长的调查，调查表明：教学的前5年，教师的教学成果与教龄成正比；第5—8年，教师的成长普遍呈现平稳的发展趋势；在第8年后，教师的职业生涯出现分化，大约5%的教师发展成专家型教师，95%左右的教师教学水平停滞不前，甚至开始下降。

每位教师都有可能成长为专家型教师。一位教师能否成长为专家型教师，关键看他业余时间是在自发地学习，还是在休闲娱乐。

根据我自己和身边很多教师的专业成长轨迹，我绘制了教师职业生涯发展曲线图，如图1-1所示。

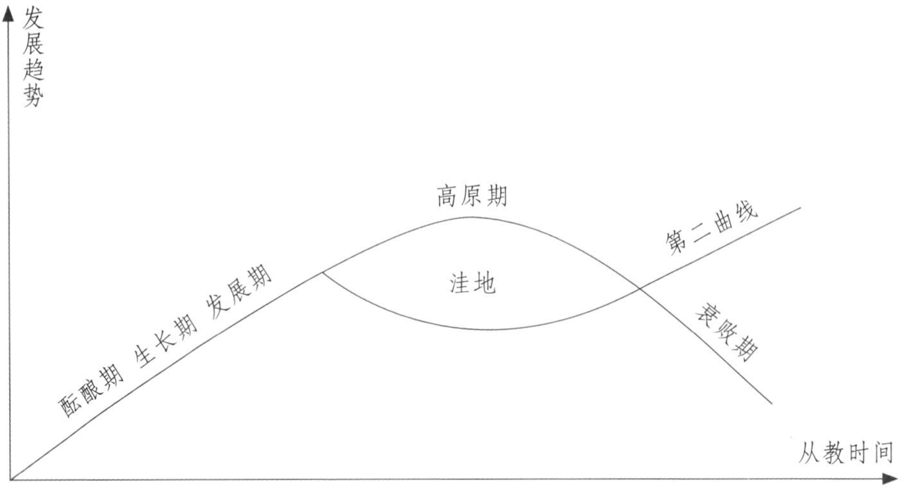

图 1-1　教师职业生涯发展曲线图

如上图所示，在教师的职业生涯中，教师专业能力的发展是分阶段的，其中读书时期是酝酿期，从教第 1—3 年是生长期，第 4—8 年是发展期，从第 9 年开始进入高原期。在高原期，也许你的论文写得不如以前出色，也许你上公开课时找不到灵感了，也许你的小学中级职称已经评上了，而评上副高、正高职称却遥遥无期，职业激情即将消耗殆尽。

于是，你停滞不前，职业发展陷入洼地。

此时，如果你能走出来，你就会迎来上扬的教师职业生涯发展第二曲线；如果你走不出来，你就有可能慢慢衰败，最终成为学生讨厌、自己也讨厌的教师。

二、回首来时路

回首来时路，我的职业生涯的走势是一波三折、跌宕起伏的。

1. 起步海岛：差一点葬身大海

1989 年暑假，我从师范毕业后被分配到浙江省温岭市东南部的龙门海岛工作。我所在的岛叫石板殿——龙门乡中心小学所在地。学校虽然是乡中心校，但是只有 5 个班级，137 名学生。海岛生活并没有我想象中的浪漫。学校食堂只在中午为老师们提供米饭，菜都是老师们各自在煤油炉上炒的。夏天缺水，用水还要到大约两公里以外的地方挑。生活艰辛，心情郁闷。于是，白天稀里糊涂混日子，晚上精神抖擞打扑克。就这样，我在苦闷中浑浑噩噩地熬过了第一年。

其间，同事带我到石板殿和横门岛之间的海峡游泳。两岛之间的距离不到 300 米，我以为凭借自己在湖水中练就的水性，这点距离，小菜一碟，于是玩起了仰泳绝技。没想到游着游着，我不是往对岸游去，而是被漩涡卷走，和岸边的距离越来越远。正当我以为自己命不久矣时，一艘渔船疾驰而来，好心的渔民抛下救生圈，把我救了上来。照理来说，我应该送渔民朋友一面锦旗，无奈囊中羞涩，我连锦旗都买不起，只能在心里千百次地感谢渔民朋友的救命之恩。

后来，每当我想起此事，都无比羞愧。无以回报，我唯一能做的，就是认认真真、老老实实地教育渔民朋友的孩子。

从此，我开始用功起来。

2. 陷入洼地：接连两次评选失利

1990—1991 年，我参加了温岭市教育局举办的“三学三比”活动。经过层层比试，我取得小学语文组业务比武第一名的好成绩。我想，最后的“十佳青年”，我一定榜上有名。可是，当主持人宣布获奖名单时，我却发现自己与“十佳”无缘。

后来，我打电话给主办方询问缘由。负责人姜老师告诉我，在进行民意调查时，他们了解到一个情况，我的几个同事说我的上进心太强了。我追问：“为什么上进心强就无缘‘十佳’？”姜老师告诉我，当年我当教导主任时，乡里要求上报三篇论文，结果语文、数学、思想品德三门学科的三篇论文上署的都是我的名字。调查组认为，我利用教导主任职务剥夺了其他教师写论文的权利。事实是，当年评职称跟写论文不挂钩，其他教师不愿意写论文，于是我就多写了两篇论文以完成上级安排的工作。就这样，“十佳青年”的桂冠被我自己“摘掉”了。

此后多年，一些人一直给我戴着急功近利的帽子。我的工作一直不顺。

尽管很多人都戴着有色眼镜看我，我被误解多年，但是我没有放弃自己从教之初树立的职业目标，在语文教学这一块，我始终坚守初心。我坚信：在教学上，我还是有天赋和灵气的，是有很大发展空间的。

于是，我默默咬牙，执着前行。

1995 年，我参加台州市教学大比武，获得一等奖。

1996 年 6 月，温岭市要推选“浙江省教坛新秀”。在浙江省，“教坛新秀”的荣誉仅次于特级教师。对年轻教师来说，这个荣誉是梦寐以求的。我天真地以为，因为我曾在台州市教学大比武中获得一等奖，对我来说，“教坛新秀”应该是稳拿的，所以我没有特别认真地准备相关材料。没想到，我连温岭市的选拔都没通过。

伤心难免，我必须直面；收拾心情，我再度出发。

3. 厚积薄发：职业生涯的第一个春天

1999 年 8 月，我被调往温岭市太平小学工作。在这所学校的五年里，我厚积薄发，被评为“台州市名师”，获得“全国教学比武特等奖”等荣誉。三年后，我终于荣获“浙江省教坛新秀”。

2003 年 10 月，我在台州临海市上公开课《大熊猫的故乡》，得到特级教师沈大安先生的高度评价。此次上课，我有幸和王崧舟先生同台，得以结识崧舟先生，崧舟先生彼时担任杭州市拱宸桥小学校长。2004 年 7 月，崧舟先生把我和爱人一起引进到杭州。

崧舟先生经常推荐我到全国各地上公开课，我的事业迎来了上扬的第二曲线。

4. 跌入谷底：对自我产生怀疑

2006 年 8 月，教育局把我调往一所学校做常务副校长。在这里，我干得不顺手。一方面，学校里杂七杂八的事情太多，我心有余而力不足；另一方面，我的职业兴趣始终在语文教学方面。结果，在这所学校的两年里，我不仅副校长当得不怎么样，而且语文教学水平也跌入谷底——文章写得不多，公开课上得也不出彩，我一直在吃老本儿。

我陷入职业生涯的沼泽。其间，我一度怀疑自己还能不能获得专业成长。后来，在朋友、家人的鼓励下，我终于重拾信心。思虑再三，我决定听从内心，今后全心全意做一个有智慧、有魅力的语文教育工作者。

于是，2008 年 9 月，我辞去常务副校长的职务。有个朋友不解："你再稍微努力一下就有可能成为一把手，这是很多老师梦寐以求的呀！你怎么轻易就放弃了呢？"

我笑笑回答："战略转移。"

朋友一脸茫然。

你若懂我，何须解释！你若不懂，又何须解释！

5. 触底反弹：职业生涯的第二个春天

一般情况下，股票跌入底部，就有可能触底反弹。2010 年 9 月，我顺利评上浙江省第十批特级教师。后来，我进入杭州市下城区教师教育学院，成了一名语文教研员；再后来，我竞聘上学院副院长。我迎来了职业生涯的第二个春天。

这几年跌宕起伏的职业发展经历告诉我，我的每一次跌倒都是有价值的。在跌倒的地方抓起一把沙子，紧紧握住，它们就有可能成为岁月蚌壳里的珍珠。

三、专业成长有"模"有"道"

一般来说，大部分教师都会经历由职初教师成长为骨干教师的过程，只有少数骨干教师能成长为卓越教师。

上海李海林校长在一次关于教师专业成长的讲座中提到三类教师的知

识结构变化情况，如图 1－2 所示。

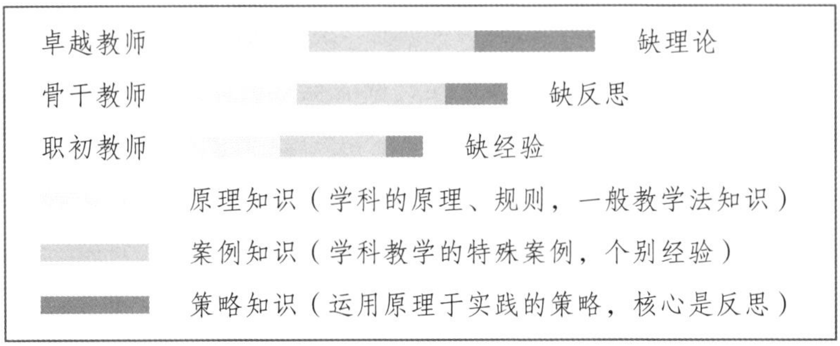

图 1-2　教师专业成长与知识结构变化

从图中可以看出，在原理知识方面，三类教师之间的差别不大。读师范时学的教育学、心理学的原理知识，足够教学时使用。职初教师和骨干教师的差别主要在经验方面。职初教师案例知识积累得越多，离骨干教师就越近。但是，骨干教师要想成为卓越教师，必须建构自己的理论知识和课程体系。

因此，不同类型的教师在不同发展阶段的成长任务、成长抓手及培训重点也不同，如表 1－1 所示。

表 1-1　三类教师的成长任务、成长抓手及培训重点

教师类型	发展阶段	成长任务	成长抓手	培训重点
职初教师	知道自己不知道	行为模型	行为	改变行为方式
骨干教师	不知道自己不知道	经验反思	事件	改进行动策略
卓越教师	知道自己知道	创造话语（课程）	思维	改造心智模式

从表中可以看出，职初教师初出茅庐，缺少经验，因此“知道自己不知道”；骨干教师往往缺乏反思精神，所以“不知道自己不知道”。从骨干教师成长为卓越教师的过程中，很多知识实际上是知道的，但是既讲不出

来也写不出来，这个阶段属于“不知道自己知道”。如果骨干教师再继续前行，达到“知道自己知道”的阶段，便成长为卓越教师了。

1. 职初教师成长模型

在从教前 5 年，职初教师迈好职业生涯的第一步是成长的首要任务，如图 1-3 所示。

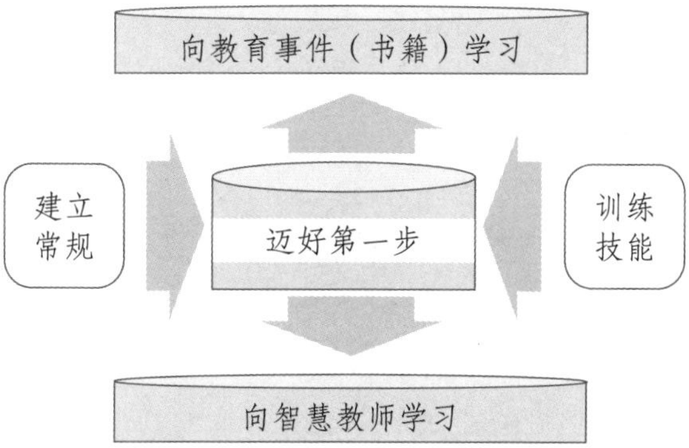

图 1-3　职初教师成长模型

这一阶段，教师要建立常规，夯实教学基本功——备课上课、批改作业、辅导功课——每样工作技能都要过关。教师要善于向教育事件学习，向书籍学习，向身边的智慧教师学习。新教师在入职之初，一定要找到一位优秀的指导教师，并主动向指导教师请教，要经常去听指导教师的课，多向他学习。回顾我的成长经历，我觉得职初教师成长的一个切实有效的办法，就是和名师“同课同构”。我当年经常对着名师的课堂实录认认真真地“背”课，然后将其搬到自己的课堂上。职初教师可以选择几位自己喜欢的名师，用心模仿 10—20 节课。慢慢地，你就入门了。

2. 骨干教师成长模型

哪些教师可以称为骨干教师呢？其实骨干教师的构成非常广泛，如图 1-4 所示。

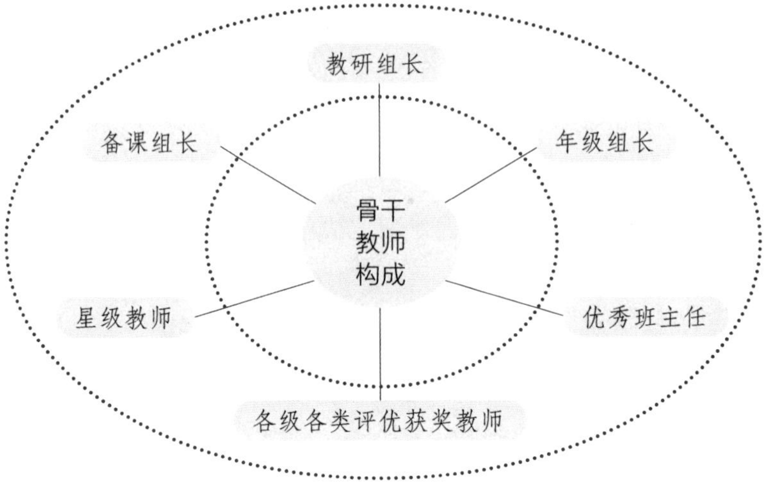

图 1-4　骨干教师构成

一所学校不需要很多卓越教师，但骨干教师一定要多。骨干教师的数量，在很大程度上影响着一所学校的教育质量。所以，各位职初教师要将成长为骨干教师作为自己的职业追求，把握好职业成长的关键期，如图 1-5 所示。

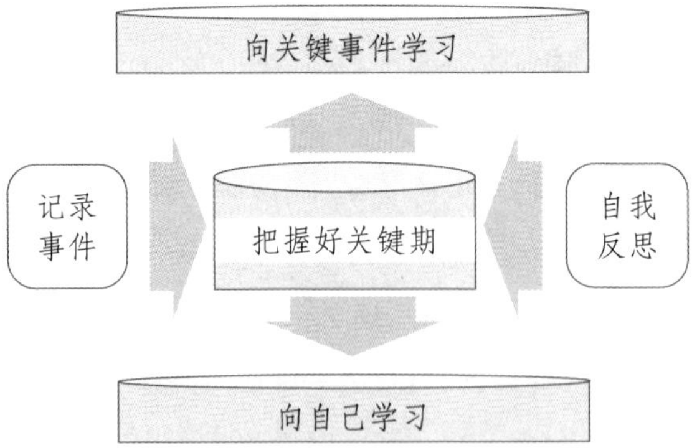

图 1-5　骨干教师成长模型

骨干教师要善于记录事件，自我反思。要把教育生涯中的成功事件、失败事件、值得回味的事件，像写故事一样写下来。我一直认为，一名职初教师一个学期应认真写三至五个教育教学故事。只要坚持写十年，你的教学水平就一定会飞速提升。如果一直坚持写下去，那么你一定会成长为骨干教师，也许还会成长为卓越教师。

骨干教师还要多向自己学习。很多时候，我们往往习惯于向他人学习。其实，教育领域的很多经验从他人那里是学不到的。我很敬佩深圳市南山实验学校前任校长张鹏老先生，张校长听课有绝招，据说他经常扛着摄像机，随机走进某位教师的课堂。听完课后，他从不评课，而是直接把录像带交给教师，让教师自己看，然后说说自己的课好在哪儿，还有哪些地方需要改进。我认为，张校长的这一招非常厉害。他让教师自己听自己的课，自己寻找亮点，自己主动反思，这就是引导教师向自己学习。

3. 卓越教师成长模型

卓越教师不能仅仅满足于上几节优质的公开课，还要专注于自己的课程。卓越教师在执教了十几年之后，要逐渐拥有自己的品牌课程，如图 1-6 所示。

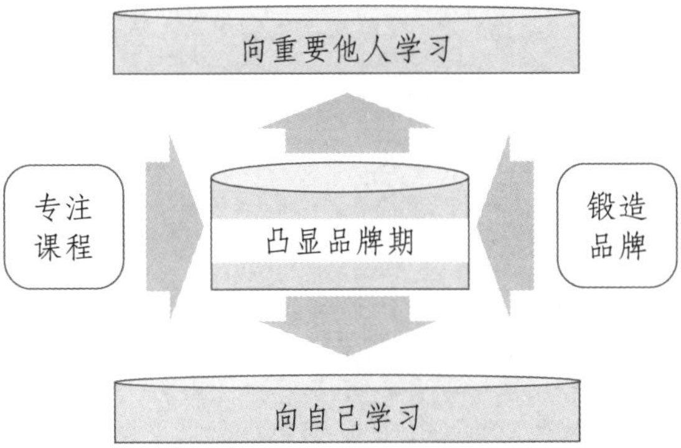

图 1-6　卓越教师成长模型

一位教师如果只会上一节一节的公开课，他也许可以成为公开课舞台上光彩夺目的明星，但无法成长为一位卓越教师。卓越教师要善于向下探索，在自己的研究领域里生根发芽，并开出一朵朵美丽的课程之花。

喜欢研究汉字，就可以做自己的汉字小课程；喜欢研究绘本，就可以做自己的绘本小课程；擅长整本书阅读，就可以做自己的整本书阅读课程；擅长诵读古诗词，就可以做自己的古诗词诵读课程……

卓越教师还要把自己的研究领域研究深、研究透，既要出课例，也要出文章，逐渐成为这个领域内的专家。与此同时，还要带着一群教师一起研究，做出一项又一项有标志性的成果，或者带出一届又一届杰出的学生。只有这样，才无愧于卓越教师的称号。

四、如何从骨干教师走向卓越教师

接下来，我将围绕三个关键词，谈谈如何从骨干教师走向卓越教师。

1. 第一个关键词：方向

很多时候，我们会把他人的评价当作自己前行的路标。但是，如果我们总是把他人的评价当作前进的方向，那么就容易迷路。在价值多元的时代，每个人都应该有自我的价值定位。美国开国元勋之一本杰明·富兰克林说过："宝贝放错了位置，就是废物。"当年，我一边想成为优秀的教师，一边想当优秀的副校长，结果是两边都没做好。

这让我想起世界著名三大男高音之一、意大利男高音歌唱家鲁契亚诺·帕瓦罗蒂的故事。帕瓦罗蒂在回顾他走过的成功之路时说，在他小时候，他兴趣广泛，有很多爱好和目标，父亲告诫他，"如果你想同时坐两把椅子，你就会掉到两把椅子之间的地上。在人生道路上，你应该选定一把椅子"。后来，经过反复考虑，他选择了唱歌。经过21年的不懈努力，他终于成为歌唱家。当别人问他成功的秘诀时，他说，只有一句话：请你选定一把椅子。

"选定一把椅子"，就是专心致志干好一件事。

干好一件事，就是放对位置。放对位置，就是看准方向。看准方向，比什么都重要。

2. 第二个关键词：能量

从骨干教师走向卓越教师，需要持续阅读。广义的阅读至少包括四个方面的“读”：读人，读书，读物，读课（听课）。

首先是读人。为什么要把读人放在第一位呢？人是吃食物长大的。吃进去粮食，可以生长成动物意义上的人；吃进去思想，才能成长为社会意义上的人。因此，我们要多结识比我们优秀的人。倘若你身边有一群很优秀的人，为了能与他们对话，你会“不待扬鞭自奋蹄”。如果能和优秀的人成为朋友，你就会慢慢地变得优秀。因此，我把结交优秀的朋友放在广义阅读的首位。

其次是读书。语言学家、教育家张志公先生说过：“一个语文老师，不读书，不看戏，不旅游，不交友，才是最大的不务正业。”其实，不少语文教师，的确是长期不读书的。

在非洲草原上，有一种尖毛草，被称为“草地之王”。尖毛草的生长过程十分奇怪：从土里钻出来后，前半年，它似乎毫无生长，但是，半年后，它突然会以每天二三十厘米的速度向上疯长，几天时间就会长到一米多的高度。后来，科学家研究发现：其实尖毛草一直在生长，只不过在冒出土地的前半年，它不是在长身体，而是在长根部，在六个月的时间里，尖毛草的根部会长到二十多米。一棵草，竟然有二十多米的根。可见，根深才能叶茂！

因此，要想从骨干教师成长为卓越教师，非得多读书不可。读书是打底子。只有底盘功夫扎实了，人才能站得稳。如果底盘不稳，即便现在到了很高的位置，最终还是会摔得很惨。

下面推荐几本与教师阅读有关的书：魏智渊的《教师阅读地图——新教育实验教师专业阅读项目用书》；常生龙的《读书是教师最好的修行》；闫学的《给教师的阅读建议》；朱煜的《迷人的阅读——10位名师的秘密书架》；张贵勇的《读书成就名师》等。如果你喜欢阅读，还可以读止庵的《插花地册子》，木心的《文学回忆录》等。

再次是读物。教师可以利用假期出去走走，读万卷书，不如行万里路。

最后是读课（听课）。我把读课（听课）放在最后面，一些教师可能不理解。不少教师喜欢把读课（听课）摆在第一位，总觉得只要自己听了很多课，专业水平就会大幅提高。

我想表达一个观点：如果你听了1000首歌，那么你听歌的水平会提高，但是你唱歌的水平会不会提高很多呢？同样，如果你听了1000节课，那么你听课的水平会提高，但是你上课的水平会不会水涨船高呢？很难说！

关于读课（听课），我还想分享一句话：听得多不如听得对，听得对不如听得专。课，要有选择地听。如果一下子听很多节课，就会觉得琳琅满目、应接不暇，不知道应该学什么、怎么学。如果你觉得很多课是孤立的，很难迁移到你的专业中来，那么告诉你我的一个笨办法。比如我想向于永正、贾志敏、支玉恒这些老一辈名师学习，就把他们所有的教学实录找出来，一篇一篇地手抄下来。抄着抄着，有些内容我就记住了。慢慢地，那些教学评价语、指导朗读的方法、教学设计的智慧就会移植到我的身上。

经常有老师说："祖庆，你的课堂教学好机智呀！"其实，这些都是我用笨方法、下苦功夫学来的。只有专注地、长时间地跟踪研究，听课才会有效果。

你想，学徒跟师父学艺，会不断变换师父吗？不会。

他们是怎么学艺的呢？前两三年先拜一个师父，专注地向这个师父学习，然后超越师父，再去拜其他师父。如果他们一个月换一个师父，那是学不好的。

3. 第三个关键词：行动

教师成长的路径很多：上公开课，撰写论文，上好家常课，建构自己的课程等。

如果让你排序，你会把哪个选项排第一？有的教师会说上公开课，上公开课很重要，因为上公开课能让自己迅速地脱颖而出；有的教师会说撰写论文，因为撰写论文既可能发表，又可能获奖；也有的教师说，上好家常课很重要；还有的教师说，要建构自己的课程。我认为，对职初教师而言，首先应该认认真真地上好每一节家常课，其次努力成为骨干教师，再次建构自己的课程，最后才会成长为卓越教师。

其实，公开课上不好不要紧，你依然可以成为优秀的教师。东北有一位教师——我至今不记得她的名字，她的学生参加省里的比赛，前 10 名中有 5 个是这位教师班级里的，省教研员会同区教研员到她的班级听课，结果大失所望。这位教师的课上得很一般，教研员问她："您有没有什么绝招？"她说："没有。"教研员又问："那您想一想，您跟别人有什么不一样的地方？"这位教师说了两点："第一，每天坚持让学生看 20 分钟的课外书，第二天交流 5 分钟；第二，我每天回家后跟学生一起写日记，第二天交流。"

这位教师其实就是在做自己的微课程。她把读写课程做得非常朴素，日积月累，慢慢就抓住了语文的牛鼻子，当然教育效果很好。至于教师怎样做课程，我们后面会展开。所以，职初教师先上好自己的家常课，让学生喜欢你，然后慢慢地成长为一名骨干教师，等你有了自己的课程，就可能成长为一名卓越教师。

木桶定律告诉我们，一只木桶的盛水量取决于桶壁上最短的木板。但在互联网时代，这个理论受到了挑战。当我们把木桶倾斜放置时，决定盛水量的，是那块最长的木板。

所以，我想说的是，老师们，与其补短板，不如练绝招。如果你把绝招练到极致，一招"致命"，那么学生记住的就是你的绝招，慢慢地就会忽略你的短处。每位教师都要有自己的绝招，让绝招在学生的脑子里留下烙印。有特长的教师，哪个学生会不爱？

我的小学语文启蒙老师是杨大寿，杨老师的故事讲得特别好。我很喜欢上杨老师的音乐课。每次上课，杨老师只用 20 分钟教唱歌，然后就给我们讲《隋唐系列之程咬金》《薛刚反唐》《西游记》……一个故事一个故事地讲，同学们都很乐意听。现在想来，我心中的文学种子就是在杨老师的音乐课上播下的，他的绝招就是讲故事。

到了初中，我遇到了陈根德老师。陈老师也有绝招，那就是朗读课文的语速特别快。第一天上课，他给我们朗读《白杨礼赞》，那个速度比当年宋世雄解说足球比赛还要快，而且他真的可以做到倒“读”如流。陈老师上古文有一门绝招，就是上课前会先背诵，无论多长的古文，都会先背诵。等古文学完了，陈老师会与全班同学一起比赛默写。比赛的结果是，有两个人总是前两名——陈老师是第一名，我是第二名。

总之，教师追求专业成长，最重要的就是把你的绝招练好，而不要太在意自己的短板。要想让学生喜欢你的课，就要成为一个有个性、有魅力的教师，切忌追求全面优秀，否则结果可能会全面平庸。

第二讲
专注力是优秀教师成长的原动力

第二讲我们分享专注力这个话题。

英国前首相温斯顿·丘吉尔曾说："如果你对每只向你吠的狗，都停下来扔石头，你永远到不了目的地。"的确，在前进的道路上，我们会听到、看到许多令我们心情不好的事情。如果我们过于关注他人的议论或诽谤，就会停下我们前进的脚步。要想在预定时间内完成预期目标，我们不妨洒脱一点，专注于自己脚下的路，忽略耳边的杂音。

一、专注力是成功的关键因素

先看一些名人的事例。

法国雕塑艺术家奥古斯特·罗丹专注雕塑的故事，我想大家在语文课本中都读过。罗丹的朋友来看他，他专注于自己的雕塑，居然把朋友忘了。

古希腊哲学家、科学家阿基米德在洗澡的时候，发现水从浴盆中漫溢出来，自己的身体微微上浮……他从浴盆中跳出来，一丝不挂地从大街上跑回家做实验，终于发现了浮力定律。

我国大书法家王羲之吃饭的时候都在想怎么把字练好，居然把墨汁当成蒜泥吃了下去。

法国大作家奥诺雷·德·巴尔扎克的朋友来拜访他，他竟忘记了朋友的存在，沉浸在创作中，还大声嚷嚷："是你，是你把这个人杀了！"

这些名人的专注力，简直到了走火入魔的程度。

我国著名画家黄永玉先生 1924 年出生，先生 86 岁时，《收获》杂志邀请他连载自传体小说《无愁河的浪荡汉子》，编辑要求先生每个月都交稿。先生考虑到当时已经写了 20 多万字，便答应了编辑的要求。在后来长达十几年的合作中，让编辑感动的是，先生无论是在国内，还是在国外，他从不拖稿，最终写下了几百万字。先生太了不起了。

日本作家村上春树，多次被提名诺贝尔文学奖，但从未获奖。近几年，诺贝尔文学奖获奖信息公布后，网友都会安慰他。虽然他从来没有获得诺贝尔文学奖，但他在文学界的地位无人可以取代。他不仅专注于写作，一本接一本地写，而且每天坚持长跑，坚持了很多年。他非常有毅力。

上面两位是文艺界名人，接下来讲一位教育界的名师——管建刚。我想把管建刚老师的作品一本一本地晒出来。

管老师 2005 年出版《魔法作文营》；2006 年出版《不做教书匠》；2007 年出版《我的作文教学革命》；2009 年出版《一线教师》；2010 年出版"管建刚作文教学系列"之《我的作文教学主张》《我的作文教学革命》《我的作文教学故事》；2011 年出版《我的作文训练系统》；2012 年出版《我的作文教学课例》；2013 年出版《我的作文评改举隅》《教师成长的秘密》；2014 年出版《我的作文教学六讲》《一线表扬学》；2015 年出版《管建刚和他的阅读教学革命》；2016 年出版《和女儿谈》《我的全程带班录》（四、五、六年级共 3 册）和《管建刚与后作文教学》；2017 年出版《我不是班主任》《我的语文观》；2018 年出版《我的下水文》《一线带班》；2019 年出版《我的作文教学革命（答疑版）》《指向写作：我的 9 堂阅读课》，还与著名电视节目主持人崔永元合作出版《儿童作文与实话实说》；2022 年出版《家常课十讲》《家常课对谈》……

管老师在十几年的时间里，出版了那么多专著，简直是个奇迹。

管老师是不是在读书时语文就非常好？不是。管老师直到 1998 年才发表他的处女作——《三月》。文章很短，不到 400 字，文笔一般。

据管老师所说，当时《吴江日报》刚好缺一篇“豆腐块”文章，他就写了《三月》并投稿了，结果编辑就把它用上了。之后，他就持续地写《四月》《五月》《六月》…… 慢慢地，他喜欢上了写作。

其实，管老师各方面的素养并不出类拔萃，他的粉笔字一般，普通话比我的还“普通”。中师毕业后，管老师被分配到一所小学，学校领导要他带两个班的数学，他因为身体不好想带一个班。学校领导说，如果只教一个班，就只能教语文。于是，他就成了语文老师，没想到后来成为语文特级教师。

管老师先是从班级作文周报做起的，每星期一张，连寒暑假都不间断，整整做了六年。六年后，他发现作文讲评课是个空白领域，于是专注于作文讲评课的研究。又做了六年后，他发现当前的阅读教学大多指向内容的理解，可不可以尝试从写作的角度教阅读呢？于是，他又开始了阅读教学的革命。

管老师认真做了十几年的语文教师。六年班级作文周报，六年作文讲评课，六年指向写作的阅读，他一直围绕着“作文”，从事作文教学的研究。他 1998 年开始发表作品，2005 年开始出版专著，到现在一共出版了 20 多本专著。

专注力成就了管建刚！

美国思想家、文学家拉尔夫 · 瓦尔多 · 爱默生说过一句话：“力量的秘密在于专注。”专注的人可以把力量聚焦到一个方面，让这股力量变得无比强大。在太阳底下，用一面大号凸透镜聚焦某个点，聚焦久了，这个点就会着火。同样，把能量聚焦到一个地方，能量就会扩大几倍、几十倍，甚至几百倍，这就是专注的力量。

专注力，是成功的关键因素。

二、如何修炼自己的专注力

如何成长为一个专注力强的教师呢？我认为主要需要四点：第一，专注地拜师；第二，专注地阅读；第三，专注地做课程；第四，专注地写作。

1. 专注地拜师

每个人都希望在成长路上遇见高人。世上哪有那么多高人呢？对于年轻教师来说，首先需要拜好身边的师父。

年轻教师应该怎样拜师？我认为要“拜好一师，转益多师”。

拜师也需要专注力。如果你今天学这个师父，明天学那个师父，你貌似学了很多，实际上可能什么都没有学会。据说，霍元甲练了十多年，才练出了迷踪拳。而在他的徒弟中，只有陈真把他的本领学到家了，除了陈真领悟力强之外，关键的一点，就是陈真舍得花功夫，他坚持学习了六年，才学到师父的真本领。先锁定一个师父，学好这个师父所有的看家本领，然后再关注其他师父的长处，这就叫“拜好一师，转益多师”。

下面我来分享江西鹰潭一位草根名师——潘非凡老师的成长故事。论年龄，潘非凡老师比管建刚老师的年龄大，虽然他已经做外公了，但他到处说自己是“小管建刚”。

2007 年，潘非凡老师遇到管建刚老师，听了管老师的课和报告后，觉得管老师的“路子”非常好。于是，潘非凡老师开始追随管老师，听他的课，买他的书，看他的文章，听他的报告……管老师上的课，他都认真听过，一节一节地学习；管老师写的文章，他都有收录，一篇一篇地研究。熟悉潘老师的人，都戏称他是“中国最爱学习的外公”。

潘非凡老师并不是一味模仿，而是创造性地学习。后来潘老师出版了《一起写作》的作文教学专著。在这本书里，潘老师有他自己的创新。

潘老师的事例给了我很多启发。我们向师父学习，就要想办法把师父的本领学透，学到家。我曾经在不同时段，非常认真地听于永正、贾志敏、支玉恒老师的课。我把他们的课堂实录全部找出来，甚至拿起笔直接抄写他们的课堂实录。

于永正和贾志敏老师的作文教学非常厉害，而且各有所长。于老师在赏识学生方面特别有办法，贾老师有瞬间捕捉学生语病的敏锐听力。我用心向两位前辈学习，把他们所有的作文教学课都学习了。有时学一遍不够，还要反反复复地学，才能从中领悟到作文教学的“技”与“道”。慢慢地，我的作文教学能力有了提高。

我还专门研究过支玉恒老师“理答”的技巧，如归谬法、反诘法、踢皮球法……研究一段时间后，我在课堂中就会不自觉地运用这些技巧，慢慢地，我的课堂教学水平有了很大的提高。

跟名师学习久了，我们会发现自己的课堂仿佛有名师的影子，那是因为他们的智慧已经潜移默化地融入我们的“默会知识”体系。什么是“默会知识”？在听课与尝试的过程中，我们逐渐掌握的实践性知识，就是“默会知识”。

听课不在多，关键在于是否听得对、听得细、听得专。只有静下心，慢慢悟，跟着做，这才是听课的正确打开方式。

哲学家唐君毅在《人生之体验续编》一书中有言：“有些东西，我们要视而不见，听而不闻；有些世界或中国之名人，我不必求认识；有些群居终日言不及义的聚会，我不必去参加；有些哗众取宠的讲演，我不必听；有些浮游无据的文章，我不必看。人必有所不为，而后可以有所为。”

是呀，有些朋友圈，我们不必每天都刷；有些微信公众号里的文章，我们不必每篇都读；有些公开课，我们不必每节都听。

如果所有的场合我们都要出现，所有的课我们都要听，所有的聚会我们都要参加，所有的文章我们都要阅读，那么最终我们会发现，我们好像什么都知道一点，但是由于无法深入触及某些领域，最终无法学到本质的东西。

2. 专注地阅读

多年的成长经历告诉我，阅读是教师的本源性修炼。如何才能进行专注地阅读呢?

首先，专题式阅读，穷尽某一领域的书。很多教师今天读这方面的书，明天看那方面的书，内容很杂。博览群书当然没错，但是如果长期不聚焦，就有可能虽然读了很多书，但是因用力不专，结果收获不大。比如，有段时间我在研究整本书阅读，于是我就把市面上关于班级读书会的书全都找出来：《朗读手册》《打造儿童阅读环境》《相信童话》《全语言的全，全在哪里》《书语者：如何激发孩子的阅读潜能》……

下面推荐一些与儿童阅读相关的书，供大家选读：

《理解儿童文学》（彼得·亨特）

《儿童文学的乐趣》（佩里·诺德曼）

《周作人论儿童文学》（周作人）

《文心雕虎全编 1999—2016》《儿童文学思辨录》《儿童文学的三大母题》（刘绪源）

《浅语的艺术》（林良）

《阅读的力量》（斯蒂芬·克拉生）

《越读者》（郝明义）

《世界儿童文学阅读与经典》（彭懿）

《小学语文儿童文学教学法》（朱自强）

《书，儿童与成人》（保罗·阿扎尔）

《幸福的种子》（松居直）

《说说图画：儿童图画书的叙事艺术》（佩里·诺德曼）

…………

有些一线教师喜欢借助绘本教学，也可以找一些这方面的指导书来阅读。在广泛阅读之后，就会了解大家在思考什么、做什么，我还可以做哪些事情。

下面推荐一些与绘本阅读相关的书，供大家选择：

《好绘本如何好》（郝广才）

《世界图画书阅读与经典》《图画书这样读》（彭懿）

《幸福的种子》（松居直）

《经典绘本的欣赏与讲读》（陈晖）

《孩子成长必读的180本经典图画书》（杨涤）

《图画书宝典》（丹尼丝·I. 马图卡）

《绘本赏析与创意教学》（王林、余治莹）

《童书是童书》（黄迺毓）

《创意玩绘本》《绘本读写课堂》（方素珍）

《当绘本遇见写作——教室里的"作文引力"》《当绘本遇见戏剧——教室里的小剧场》（葛琦霞）

《跟着课文学绘本》（杨文华）

《绘本课程这样做》（闫学）

…………

我推荐的只是绘本阅读相关图书中的一小部分。各位教师可以持续关注这方面的书，看到喜欢的就买下来，然后静下心来细细品读。

其次，批注式阅读，让好书和自己合二为一。袁衮翔先生说过，阅读有三境：神游——神交——神合。神游，就是当你走进书中的境界时，就好像在旅游一样；读着读着，你对书产生了兴趣，这时书就像神交了好久的朋友一样；神交已久的朋友如果长期和你在一起，读着读着就和你合二为一了，这时你说出来的话，写出来的文章，就有这些书的烙印，那么你和书已经神合了。这就是神游——神交——神合。

朱光潜先生谈读书时说过这样一番话："做学问如作战，须攻坚挫锐，占住要塞。目标太多了，掩埋了坚锐所在，只东打一拳，西踢一脚，就成了'消耗战'。"意思是说读书要相对聚焦。他还说："读书并不在多，最重要的是选得精，读得彻底。与其读十部无关轻重的书，不如以读十部书的时间和精力去读一部真正值得读的书；与其十部书都只能泛览一遍，不如取一部书精读十遍。'好书不厌百回读，熟读深思子自知'，这两句诗值得每个读书人悬为座右铭。"

作家刘再复在美国定居时，反反复复读《红楼梦》。关于《红楼梦》，他写了四本书，都写得非常棒。可见，只要反复读一本书，让这本书的内容植入你的内心，这本书就成了你灵魂的底色。

总应该有几本书是你细细读过的，如此你才能说读懂了它们。否则，就像在街头行走一样，你无法真正认识一个擦肩而过的人。

最后，超功利阅读，把读书当作享受。并不是说进行了专题式阅读、批注式阅读，就不需要浏览性阅读了。有时候，读书可以风吹到哪一页就读哪一页，无用之用方为大用。今天看起来仿佛没用的书，也许哪一天就能派上用场，所以阅读既要深、精，又要广、泛，如此才能让自己既在某一领域有深入的研究，同时又有广博的空间和宽泛的知识面。

此外，语文教师一定要读大量的文学类的图书，文学类的图书是语文教师必须补充的钙。当然，你也可以读教育类名著，数量多多益善。关于如何阅读，我在下一讲里会重点展开。

3. 专注地做课程

一位教师如果只会上一节又一节广受好评的公开课，只能算一个优秀的表演者。一位真正优秀的教师能沉浸到自己的课程中来，先用课程哺育学生，再用课程反哺自己。

下面，我推荐两位教师做的课程。他们是第二届“全人教育奖”获得者樊阳老师和提名奖获得者钱锋老师。

樊阳老师是一位知行合一的人文导师。他觉得做一个成天围绕应试教育工作的语文教师，工作毫无价值。于是，他带着学生，用脚步丈量文化，在中国大地上留下很多师生走过的踪迹。樊阳老师的人文课程有两条路径：其一是实地走访，一个地方一个地方地走访；其二是人文阅读，他带领学生阅读大量的书，走访名人故居，考察名人走过的路。这是非常有价值的课程。经过几十年的探索，樊阳老师的课程编成了一套书《行读中西的人文课》（全 4 册）。樊阳老师还坚持做公益，一直坚持了十多年。

钱锋老师曾经是浙江湖州一位非常优秀的教师。十多年前，钱锋老师在温岭市上过《伯牙鼓琴》公开课，得到特级教师王崧舟的两字评价“绝了”。还有，钱锋老师在浙江上史铁生的《秋天的怀念》公开课，引得全场师生落泪。钱锋老师绝对是上公开课的好手。

2011 年，钱锋老师在本可以留在浙江评选特级教师的时候，选择到北京亦庄实验小学，开启自己的课程研究之路。他选择研究“万物启蒙”课程，并且研究一发而不可收，在小学语文教师中有很大的影响力，目前已有许多学校加盟参与他的研究。钱老师带着学生研究中国传统之物，他以一个个小小的物件为切入口，以世界为课堂，以万物为教材，围绕着“物”“器”“道”三个维度，致力于打造“问”“思”“辩”课堂，以探究事物的前世今生。钱老师的游学课程也做得极有特色：石、竹、桥、蝉、城墙、丝绸、枸杞、茶叶……每一件事物在他看来，都可以展开丰富的研究，致广大而尽精微。

只要专注于一个领域，持续深耕，就一定会有所成就。教师做课程，就要静下心来持续地做，哪怕你不能成为樊阳、钱锋那样优秀的教师，也一定可以锁定教育中急需解决的某个点，通过深入阅读、深入研究、不倦探索、日积月累，慢慢地成为这一领域的专家。

4. 专注地写作

教师一定要勤于动笔，把自己的所思所做记录下来。

教师写文章并不是为了成名，而是为了成长。把自己的所做、所思、所想记录下来，日积月累，回头再看，就会发现，你为自己的教学生涯做了一份很好的档案。每日自省，能从反思中汲取智慧、增长智慧，写着写着，你就成了一名优秀的教师。

写什么？怎么写？只要坚持写，写什么都可以。一句话，两句话；成功的，失败的；某一个师生交往的细节，某一节课，某一次家访，某一次事故……记录越细致越好，这样的文章即使不能发表，也可以为自己的教学生涯积攒素材。等你的素材积攒得多了，就可以归并起来，写成一篇好文章，甚至一本好书。

我真正的专业写作是从 2004 年开始的。在此之前，我也写过一些论文，但那并不是真正意义上的写作，因为那时的写作不是发自内心的。真正的写作是在我加入“人教论坛”以后，我注册了一个叫“温岭祖庆”的账号。在“人教论坛”上，我几乎天天写。一天几千字几千字地写，后来竟写成了一本书。正如昆剧《班昭》中的那句经典唱词：“从来学问欺富贵，真文章在孤灯下！”

2016 年，我开了一个微信公众号——“祖庆说”。有人问：“张老师，你在两年时间里写了四五百篇文章，平均每两天写一篇，你写作的时间从哪里来？”我想说，时间是挤出来的。我有时晚饭后在家里写，有时在高铁上写，有时在飞机上写。只要有时间，我要么读书，要么写作。

一天早上，我对一位朋友保证，我可以用一个小时写出一篇 1500 字的文章。于是，全神贯注一个小时，我真的把一篇 1500 字的文章写好了。其实，写文章没那么难，先拟一个题目，然后就逼着自己写。谁都有惰性，只要克服惰性，就会有意想不到的收获。

今天早上，我写了一篇文章——《你多久没有完整读过一本书了》。我今天早晨五点钟起床，六点半就写好了这篇新的文章。写文章时，有话可写就写得长一点，无话可写就写得短一点，只要坚持写下去，你就会品尝到写作的乐趣。

我到今天出版了 20 多本书，唯专注而已。

总之，只要让专注成为一种习惯，日积月累，终有一天，我们就会成长为优秀教师。专注力是优秀教师成长的原动力。

第三讲
教师专业阅读和专业写作

这一讲的内容包含三个方面：一、开发教师的精神宇宙；二、底蕴是从书堆里冒出来的；三、在文字中确证自己的存在。

一、开发教师的精神宇宙

1. 为什么要开发教师的精神宇宙

我们先来读下面这段文字：

> 教师周遭面对的是坚硬的现实，它常常让我们无奈地发现理念的虚幻甚至虚妄，总是轻易地击穿各种以理想的名义刻意炮制的光环和泡沫。
>
> ——李政涛《重建教师的精神宇宙》

每当我读到这类文字时，我的内心就会很震撼。是呀，每个人内心都存在一个广袤的宇宙，既辽阔又深邃，既让人敬畏又脆弱无比。教师的内心也存在一个精神宇宙。要想开发学生的精神宇宙，教师先要开发自己的精神宇宙。如果教师没有开发好自己的精神宇宙，那么如何去开发学生的精神宇宙呢？

2. 如何开发教师的精神宇宙

教师如何开发自己的精神宇宙呢？

第一，通过大量的阅读来丰盈自己的精神世界。韩国法顶禅师说过："生命就是不断地遇见。遇见他人，遇见好书，遇见精神。于是，生命的枝干拔地而起。"一个人的精神世界要靠大量的阅读来丰盈。一个人读的书越多，他的精神世界就越丰富。

第二，通过写作来创造属于自己的精神世界。一个人的精神世界还包括他自己产出的思想成果。思想成果一旦被定格为文字，对作者本人来说，就具有永恒的价值。教师用文字书写，也可以开发自己的精神宇宙。

二、底蕴是从书堆里冒出来的

语文教师本质上是一个书生。因此，如果教师想教好语文，就要让自己爱上阅读。我的阅读史，就是我的精神成长史。

1. 从听书开始，遇见武侠小说

孩提时代，特别让我着迷的事情就是听书。

记得夏日傍晚，人们在晒谷场上搭一个台子，说书人穿着长衫，拿着醒木，登台讲述。随着说书人一个故事接一个故事地徐徐展开，我常常听得如痴如醉。后来，我遇到了杨大寿老师，杨老师的音乐课非常有特色。音乐课的前20分钟，他就会把教唱一首歌的教学任务完成。剩下的时间，杨老师就给我们讲故事：瓦岗寨起义、薛刚反唐、薛平贵与王宝钏、岳飞精忠报国、武松打虎、林教头风雪山神庙……音乐课上，杨老师给我们讲了上百个故事。

后来，我去乡文化站借连环画，一本一本地借来看。连环画可以算是我的启蒙读物。

到了初二，武侠小说进入我的视野。我读的第一本小说《冰川天女传》是梁羽生的武侠小说。当时我惊为天书，边读边叹："哇，天下还有这么好的书！"我从梁羽生的小说读起，再到金庸和古龙的小说，最后几乎把我能找到的武侠小说读了个遍。这段阅读经历对我的语文学习产生了巨大作用，我的语文学习能力逐渐提高了。读小学时，我的语文成绩还很一般，但初二以后，我的语文成绩在班里一直稳居前三名。

2. 走进迷人的文学王国

再后来，我来到温岭师范学校，这里有一个借阅方便的图书馆，一下子有那么多书可看，我简直心花怒放。于是，我把大量时间都花在图书馆里。图书馆的管理员认识我，因为我每隔两三天就找他借一本世界名著。有时候一本没看完就还，重新换一本。师范三年是我阅读世界名著的黄金时期。只要是在图书馆里能找到的文学名著，我都一本一本地借来读。

我尤其喜欢外国文学经典作品，比如长篇小说《卡拉马佐夫兄弟》。作家威廉·萨默塞特·毛姆认为，这本书是人类最壮丽的一本书。书里的主角是“思想”，思想的内容直抵人的灵魂深处，实在太棒了。

《追忆似水年华》的文字之妙，超乎想象。我大概用了一年时间深入阅读这本书。马赛尔·普鲁斯特是才子型作家，书里的每一页都充满了精妙的比喻，他用意识流的笔触书写着自己的生命。

我也特别喜欢朱生豪翻译的《莎士比亚全集》(《莎士比亚全集》有多个译本，一般我会推荐朱生豪先生翻译的版本)。

《呼啸山庄》和《霍乱时期的爱情》，我认为是外国文学中爱情故事写得特别棒的作品。虽然有人说《情人》也写得很好，但是我觉得《呼啸山庄》和《霍乱时期的爱情》才是独特而深刻的爱情绝唱，它们的意义远远不止于对爱情的描绘。《呼啸山庄》写的是一个复仇故事，书中的个人的情仇看似比较极端，但将其置于英国阶层分化的社会大背景下，它又是合乎逻辑的。《霍乱时期的爱情》如一部史诗，几乎穷尽了爱情的全部可能，能够引发读者对爱情和人性的深层思考。

《悲惨世界》《复活》《安娜·卡列尼娜》《简·爱》都是我在上师范时读的。还有《基督山伯爵》，我也很喜欢。虽然它的文学地位没有《战争与和平》高，但我觉得，只要好看就够了。《堂吉诃德》《约翰·克利斯朵夫》等，我也读得如痴如醉。罗曼·罗兰的作品美感十足，文字仿佛具有音乐性。查尔斯·狄更斯的作品非常幽默，好读耐读。弗兰兹·卡夫卡是后现代主义的代表人物，他的书越读越让人觉得深刻。尤其是他的《城堡》，含有寓言的味道。当然，我也读一些流行的书，《荆棘鸟》就是非常好读的书，讲的是神父的爱情故事，感天动地。

除了外国文学经典作品，我也很喜欢中国的文学作品。

古代文学，如《诗经》《庄子》《左传》《离骚》《世说新语》《搜神记》《红楼梦》《水浒传》《聊斋志异》，以及唐诗、宋词，我都喜欢。我也喜欢现代文学。鲁迅、老舍、梁实秋、林语堂、林海音的作品，我都喜欢，但我不喜欢读张爱玲的书，不知道为什么。至于当代作家，我喜欢的就更多了。钱钟书、王小波、莫言、史铁生、张炜、张承志、王安忆、苇岸、陈冠学、王鼎钧、高尔泰……我可以列出一长串名字。

钱穆先生说："文学即人生，人生即文学。"读优秀的文学书，就是在与优秀的人对话。久而久之，你的精神就会臻于更完善的境界。文学是什么呢？文学就是帮助一个人在他心里制造美丽的精神四季。当你拥有了完整的精神宇宙，你便拥有了美丽的人生。

通过阅读文学作品，我们可以走进别人的花园，徜徉于别人的故事中。在阅读的过程中，我们可以暂时忘记现实生活中的种种不如意。文学就是心灵栖居的花园。

我常常武断地认为，一个语文教师如果没有读过至少50本文学名著，那么他很难成为一名优秀的语文教师。因为，文本解读能力对语文教师来说很重要。文本解读有没有方法呢？有。然而，很多时候，方法的领悟是默会的，是教师在阅读的过程中潜移默化地学会的。的确，教师的文本解读能力，更多是在阅读高品位的文学作品中获得的，而不是靠阅读几本文本解读的工具书就可以提升的。就像要想学会游泳，需要长时间泡在水里一样。

3. 教师要读点专业著作

我读过许多印象比较深刻的专业书籍。让-雅克·卢梭的《爱弥儿论教育》很经典，这本书用小说的形式承载着教育理念。有人说，如果把西方的教育专著都烧掉，只留下最重要的三本，那么《爱弥儿》就是其中一本。阅读这本书，需要我们沉下心，用三个月到半年的时间才能啃下来。

B.A. 苏霍姆林斯基的《给教师的建议》，大家耳熟能详，但是能真正读下来并且融会贯通的教师并不多。这本书绝对是一本教科书式的经典著作。一本 50 多年前面世的教育实践与理论专著，对于当今教育中的大部分困惑，大多能提供解决方法，这太了不起了！从对古今中外教育的对照中，我们会发现教育的本质规律。还有苏联的“学校无分数教育三部曲”（《孩子们，你们好！》《孩子们，你们生活得怎样？》《孩子们，祝你们一路平安！》），这些书的体裁是故事体，文字很有诗意，案例特别动人。

现当代的专业著作，如《教学勇气：漫步教师心灵》，内容直抵读者心灵，引导我们反求诸己、反思当下，让我们直面自己内心的挣扎，帮助我们在内心伤痛处寻找到教育的突破口。《第 56 号教室的奇迹：让孩子变成爱学习的天使》，很多教师都接触过，这里就不展开讲。罗恩·克拉克的《优秀是教出来的：创造教育奇迹的 55 个细节》特别适合年轻教师或年轻班主任阅读，书中有很多关于班级管理的实用小技巧。如果我们把罗恩·克拉克的这本书和电影《热血教师》配合起来看，那么会有更多的收获。

再推荐佐藤学的三本教育著作。一本是《静悄悄的革命——课堂改变，学校就会改变》，主要讲的是课堂变革；另一本是《学习的快乐——走向对话》，主要讲的是课程建设。在这两本书中，佐藤学提出的学习共同体理念已经在中国落地生根。佐藤学还有一本著作《教师花传书：专家型教师的成长》，这本书虽然只是薄薄一册，但很有意思，书中他提出卓越教师是“匠人 + 专家”，这个观点得到很多一线教师的认同。

曾经，我读过《追求理解的教学设计》，这是一本教育专业著作，这本书从“逆向设计”的角度，谈到如何从学生的学习情况着手，设计我们的教学，书中内容很有意思，值得一读。

提到中国现代的教育专著，我认为绕不开两位名人——陶行知和叶圣陶。陶行知的平民教育理论，叶圣陶的语文教育理论，都值得教师反复悟读。他们的著作既有可读性，又有深刻性，对今天的教育教学依然具有深远的指导意义。作为班主任，作为语文教师，这两座高山是一定要攀登的。

当代教师的作品也有不错的，这里推荐两本书。一本是郑金洲教授的《教师如何做研究》，这本书特别接地气，阐述了一线教师如何通过案例研究和行动研究提升自我。另一本是李政涛教授的《重建教师的精神宇宙》，这本书的文笔与思想俱佳，值得阅读。

王荣生教授的《语文科课程论基础》很有深度，如果你不能沉下心来，可能看几眼就放在一边了，建议教龄五年以内的教师暂时不要阅读，如果你的理解力比较强，那么可以尝试一下。潘新和教授的《语文：表现与存在》中的学术勇气值得赞赏，他提出要以言语表现为核心，重新建构语文课程，他的观点影响了很多语文教师，包括王崧舟、管建刚等。当然，任何理论的建构都不可能是完美无缺的，潘教授的观点要辩证地思考，只有分清哪些是可以接受的，哪些是有待商榷的，才能不被一本书左右。

哲学是一切学科的基础，潘庆玉教授的《语文教育哲学导论——语言哲学视阈中的语文教育》从言语的本能，即人为什么学语文的高度阐述语文教育的哲学意义。读了这本书，我们可以站在更高的层面审视当下的语文教育。叶黎明博士在《写作教学内容新论》一书中对写作教学的内容作了重新梳理，这本书的逻辑性非常强，值得研究写作的教师阅读。

在李海林教授的《言语教学论》一书中，李教授站在人的言语生命的角度去研究语文教学，逻辑性很强，语文教师可以看看他是怎样层层深入地论述他的观点的。王尚文先生的《语感论》比较有代表性，影响了许多教师。

上海师范大学吴忠豪教授的《小学语文教学内容指要——汉语·阅读》和《小学语文教学内容指要——写话·习作》，从不同方面重构了语文教学的内容。于永正老师和支玉恒老师是我特别钦佩的前辈，他们的教学艺术达到了出神入化的地步。于永正老师的《教海漫记》文字简洁清浅，隽永深刻，非常有味。一直以来，《教海漫记》是我案头的教育“圣经”。支玉恒老师的教学艺术，值得我们深入研究。周一贯先生说，支玉恒老师的教学艺术是“尚未被破译的黑匣子”，有很大的研究空间。在与支玉恒老师有关的书中，我推荐施茂枝的《支玉恒语文教学艺术研究》，这本书研究的是支玉恒老师的教学艺术，广受读者好评。

吴非，本名王栋生，他既是著名特级教师，也是杂文家。吴非老师非常有个性，他说“想要让学生成为站直的人，教师就不能跪着教书”“什么都看透了，也不能放弃理想”……《致青年教师》《不跪着教书》《课堂上究竟发生了什么》《王栋生作文教学笔记》等，大家都可以找来读一读。

教师还要读一些心理学专著。教师的职责是教书育人，为了确保能培养出身心健康的学生，教师自己需要有健康的心理，同时也要掌握一些开发学生精神宇宙的心理学知识。《少有人走的路》是一本关于自我认识的书，还有《顺应心理，孩子更合作》《养育男孩》《养育女孩》等，都介绍了养育孩子的科学方法。家里有男孩的教师可以读读《养育男孩》，当下男生女性化是个非常严重的问题，这本书或许对你有帮助。父亲和母亲应该怎样陪伴孩子长大？大家可以读一读李子勋的《陪孩子长大——李子勋亲子关系36讲》。《为何家会伤人》是著名心理学家武志红的代表作，这本书会让你对原生家庭有更深层的了解。

4. 超功利阅读

读书是个人的事情，我们完全可以根据自己的喜好，任性一点，专情一点。你可以先选定自己喜欢的作家，然后把这个作家所有的书都找来读。我称这样的阅读为“超功利阅读”。

叶嘉莹女士是我非常喜欢、敬重的一位学者。她的古诗词造诣非常深，80多岁的老太太往台上一站，一张口，一吟诵，让人沉醉，那气场令人敬畏。她的师父顾随先生是大学问家。受顾先生的熏陶，叶嘉莹女士在讲析古典诗词方面也非常了得。如果我们系统地读她的讲析诗词系列的专著，那么我们对古典文学的解读，尤其是诗词的解读功力，就会提高很多。

资中筠既是一位美国问题的研究专家，也是一位很棒的作家。她敢于讲真话，有骨气，她的《资中筠集》非常不错。

齐邦媛的《巨流河》是我近几年读到的很好的传记。这部作品用风轻云淡的笔触，讲述了一家人从东北三省飘零至全国各地，最后迁居台湾的传奇经历。作者的写作功底很深厚。文学评论家王德威对《巨流河》的评价是，“如此悲伤，如此愉悦，如此独特”。

我很欣赏当代华文文学大师王鼎钧。王鼎钧被誉为“一代中国人的眼睛”“崛起的脊梁”。在台湾，他的文学功力应在余光中之上，被人尊称“鼎公”。他写过“作文三书”——《作文七巧》《作文十九问》《文学种子》，后来加上《讲理》《小学作文讲话》《〈古文观止〉化读》，合成“作文六书”。研究作文教学的教师可以把这六本书找来读一读。若是把王鼎钧的纪实性散文“回忆录四部曲”和齐邦媛的《巨流河》进行比较阅读，你会发现二者各有妙处。

高尔泰既是美学家，也是画家。他把自己一生的经历都浓缩到自传体散文《寻找家园》中，这是一本被誉为“可以流传500年”的散文集，建议70后的教师可以静下心来读一读，这本书不会让你失望。

木心被称为“文学荒园里的异类”，他的书“充满神采，惊艳文坛”。我特别喜欢他的散文《上海赋》，这本书是写上海的极品之作。他的《文学回忆录》比较有个性，这本书是木心的弟子陈丹青根据听课笔记整理出来的。木心还写过一本书，叫《木心谈木心》，也很有意思。大家可以去翻一翻木心的作品，他是一个很时尚的男人，而且越老越帅。

最近几年，我花在电影上的时间和读书的时间差不多。电影也是一个迷人的王国，许多名著都被拍成了电影，有时候将两者进行对比研究，也会很有意思。

读书 + 读电影，可以让我们的精神世界更丰盈。

5. 关于阅读的几个观点

（1）多读经典，多读好书。阿图尔·叔本华认为，读好书的先决条件是不读坏书。大学问家金克木曾说过“书读完了”，意思是书是读不完的。如果我们读“书中之书”，书是读得完的。至于哪些是“书中之书”，你可以读读金克木的《书读完了》，里面提到很多“书中之书”。教师，尤其是语文教师，必须读几本打底的古书。《诗经》《礼记》《论语》《庄子》《孟子》《世说新语》《史记》《三国志》等，都应该读读。喜欢历史的教师，还可以阅读顾颉刚先生的《中国史学入门》，这本书的第二部分专门就经书、子书和战国古书进行了论述，全面系统地介绍了一些我们耳熟能详的经典著作。另外，如果有时间的话，教师可以再结合钱穆先生的《国史大纲》和吕思勉先生的《中国通史》一起读，对整体的历史就会有一个大概的了解。如果你想对古代中国传统文化有一个概览，那么可以读由北京出版社出版的“大家小书”丛书，这套丛书的内容很棒。此外，闻一多的《唐诗杂论》，沈祖棻的《宋词赏析》，朱光潜的《诗论》等，都是好书。而且，这些书都很通俗易懂，不难理解。

（2）敢于闯进阅读伸展区。阅读要敢于把自己引向伸展区，进入阅读伸展区具有一定的挑战意义。教师不要害怕深度阅读，那是我们通往未知世界的必经之路。因为一本书就是一个未知的世界，只有阅读有深度的书，才会为我们打开一条通往广阔天地的道路。

周国平的哲学随笔，文字隽永清新，耐人寻味。教师当然可以多读他的书，但不能只读他的书。同样是哲学书，唐君毅、徐复观、冯友兰、王阳明的书有一定的挑战性。阅读了这些书之后，我们就会深入地思考目前自己的存在，引发对自我存在的拷问。也有的书是读不懂的，我现在就读不懂马丁·海德格尔的《存在与时间》，所以我暂时不读它。等到有一天，突然想读了，再打开读。读不懂的书像一座座高山，它们一直矗立着，令人敬畏。它们默默召唤着我们，等到我们有足够脚力的时候，再去攀登。

唐君毅的《人生之体验续编》一书，我一开始读起来有点累，对我来说是具有挑战性的。但在我耐着性子细读了这本书之后，我深受启发。有段时间，我对他人的评价比较在意。有一天，我读到这本书中的一段话："一人名满天下，他即存在于天下一切人之是非毁誉之中。而一个历史上的人物，他即永远存在于后代无限的人之是非毁誉之中。这些都是此俗情世间中不容否认的事实。"这番话让我豁然开朗。这段话也让我想起庄子的"举世誉之而不加劝，举世非之而不加沮"。从此以后，他人对我正面评价也好，负面批评也罢，我都一笑了之：誉之毁之，他人之事，何必理会。从某个角度来说，这本书是我的知音之书、伯乐之书、生命之书。

语文教师的阅读，要适度往历史类和思想类方向拓展。思想类的书，可以关注这些：《论法的精神》《历史深处的忧虑》《我也有一个梦想》《带一本书去巴黎》《人类群星闪耀时》《道德理想国的覆灭：从卢梭到罗伯斯庇尔》《往事与随想》《论语今读》《爱的艺术》《我的精神家园》等。历史类作品，我个人比较喜欢《埃德蒙·伯克读本》《袁氏当国》《万历十五年》《黄河青山：黄仁宇回忆录》《江河万古：中国历史文化的转折与开展》《古拉格群岛》《帝国的回忆：〈纽约时报〉晚清观察记 1854—1911》《潜规则：中国历史中的真实游戏》《光荣与梦想》等。

（3）做一个荤素不忌的阅读者。有的教师提到自己读了很多杂书，我个人是非常赞同读杂书的，我们可以把很多书混搭在一起读。《禅与摩托车维修艺术》，这本书到底讲什么呢？是不是觉得很好奇。有一本书叫《为了报仇看电影》，看题目就很有意思。文学类的书要看，经济学类的书也可以看，教育学、哲学史、建筑史等类别的书也可以看。读书要杂，能读就读；读不进去可以暂时放一边，不要去硬读。

（4）偶尔批注，不做摘抄。我读书一般不摘录。我认为好的句子，印象深刻的观点，它们会像钉子一样钉在我的心里，我很自然地就记住了。记不住的句子，说明它还没有深刻到让我记住，我不会刻意地去记。我会把原句画出来，偶尔做一些批注。

（5）迷恋他，就读透他。最近几年，我只要迷上一个作家，就会把这个作家所有的作品都找来阅读。有位作家叫阎连科，我认为他不逊色于莫言、贾平凹、余华等作家。阎连科的书，我全部都找来读过。其他像孙犁、汪曾祺、沈从文的所有书，我也几乎全部读过。

我总认为，一个教师教书生涯的前八年，专业发展靠的是灵气、机遇。但是工作八年以后，他能跟别人比拼的是什么？一定是底蕴。底蕴是怎么来的？是从书堆里冒出来的。

有的老师问，你要写文章，要看电影，要上公开课，现在还要做课程，你的时间从哪里来？老师们，假如你每天坚持阅读半小时，1 年下来，你就能够精读 20 本书，10 年就可以精读 200 本书。我出差时，一般在飞机上就可以看完一本书。我每次参加会议，都会带一本书。开会之前，开会间隙，我都会挤出时间看书。

三、在文字中确证自己的存在

一个人有很多种存在的方式。发一张图片、发一条微信是一种存在；自己的文章被人阅读、转发、点赞，自己的思想被人看见，也是一种存在。而这些，其实就是广义的写作。一个人可以通过写作确证自己的存在。如果你天天记录自己的生活，记录十年之后，再回过头来看你的日记或随笔，你就会发现，写作延长了你的精神生命。

三联书店《读书》杂志的编辑扬之水写了十年的编辑日记，辑录成书，名曰《〈读书〉十年》。举凡和谁见面、吃什么、去哪里、读什么、写什么，事无巨细，琐琐碎碎，一概都写。这本书我读得有滋有味，因为它既见证了那段岁月，也确证了一个人与一本杂志的共同成长。

文字可以见证岁月。教师要确证自己的存在，不能仅仅只是阅读者。因为，写作更能确证自己的存在和生长。

1. 我的写作史

1999 年 8 月以前，我的写作还没有真正起步。从 1999 年 8 月到现在，我的写作生涯经历了 4 个阶段，约 20 年时间。

（1）公文写作。1999—2004 年，我在温岭太平小学担任教科室主任。

这段时间，我的写作大部分是为学校工作而写，写各种计划、总结、教代会报告等，为自己写的文章很少。

（2）论坛江湖。2004—2006年，我在教育论坛上度过了一段充实的时光。自从我进入人教论坛，注册“温岭祖庆”的账号后，我几乎每天都会写一篇文章。后来，我转战“教育在线”，开了一个“不是芦苇，无风也思索”的专栏，更新了很多文章，也结识了很多朋友。我的第一本书《张祖庆讲语文》，就是在朋友们的鼓励下写出来的。

（3）博客时代。2007年以后，论坛日渐衰落，于是我把很多文章放在博客“自在乾坤”里。博客就像一座后花园，主人随意种点什么花都可以，客人来了可以自由观赏，来去两便。我比较喜欢博客写作的状态，但后来，博客也渐渐没落了。

（4）微信公众号。2010年以后，社交媒体发展到了微信时代（现在到了视频时代），很多人创办了微信公众号，我也赶时髦，在2016年注册了“祖庆说”公众号。七年多来，我在微信公众号里发布了1000多篇原创文章。与其说是坚持写作，不如说是喜欢写作。生活很枯燥，做一点有意义的事情，让文字确证自己的存在，这就是我写作的初衷。

也许有人会问，这个世界上已经有那么多精神财富，为什么你还要写呢？你写的文章真的是精品吗？其实，写作对个体的价值大于对他人的价值。你写下来就是你自己的作品，不论写得好不好，既是你曾经的故事，也是你未来的精神财富。“凡是过往，皆为序章”，就像《神奇飞书》中说的，“每个人的故事都很重要”。

2. 写什么与怎么写

（1）写我所做，做我所写。选择你熟悉的、研究过的事物来写，把做过的研究写出来。当然，我们可以继续往前走一步，把写过的研究内容继续做好。

（2）写我所想，想我所写。写自己正在思考的内容，把最近想写的话题列一个清单，一个话题一个话题地往下写。写完放几天，再想想自己写的内容，真的很好地表达出我的观点了吗？我的文章逻辑性强吗？我有没有把我想的内容写清楚？读者读我的文章，可能会产生哪些疑问？这就是想我所写。

（3）我写文章，文章写我。你在写文章，同时你写下来的文章最终会成就你。你写下的每一个字就是你自己，其实你就是在写自己。你要对自己所写的文章负责任。我认为年轻教师不要一开始就尝试写论文。教师可以先记录自己与学生之间的故事、细节，或者难忘的片段，哪怕是很小的一件事情，都可以记下来。还可以写随笔，比如，你读书后有了某个观点，围绕这个观点你有哪些认识，把自己的、他人的想法整合在一起写出来。等到了一定的高度后，你就能在某个领域写出一篇像模像样的论文了。

3. 怎么提高投稿命中率

2004 年以前，我从来没有向报刊投过稿。参加工作 15 年来，我没有发表过一篇文章。所以老师们，不要着急，写作是逐步积累的过程。要想让自己的文章发表，除了稿件质量高以外，还有一些小窍门。

研究杂志的风格非常重要。有的杂志设置的都是刊登教学案例的栏目，你去投论文，肯定不会被采用。《语文教学通讯》的学术性比较强，如果你写教学案例投稿，就很难发表。《小学教学》刊登的教学案例、教育随笔比较多。《小学语文教学》经常有主题征文，你可以关注，如果有适合自己的主题，就可以写一写。还可以邀请两三位志同道合的同行，围绕一个感兴趣的或是正在研究的专题写一组文章。只要你们的文章有价值，就有可能被录用。

打好四个月的提前量。一般来说，投稿要遵循“提前四个月”的原则。杂志社都是实行三审制，从投稿到出版，至少会有四个月的周期。特别是对名师的教学实录的评析，更要关注投稿的截止时间。

此外，文章的格式要规范。文章末尾要有以下基本信息：姓名、邮寄地址、邮箱、联系电话等。

还有一个重要窍门，要想方设法结识编辑。如果编辑认识你，知道你写文章的水平比较高，需要用稿时就会询问你有没有这方面的文章，或者直接向你约稿。怎么认识编辑？关注征文启事，按照联系方式给编辑留言，提前沟通。投稿之前，尽可能找几个朋友对你的稿子进行把关，提出问题，反复修改。我们要对自己的文字负责，至少从自己的角度来看质量是比较好的。

4. 我的写书时光轴

2008 年我出版第一本书《张祖庆讲语文》，2011 年出版《小学生萧红读本》，2015 年出版《非连续性文本教学与测评》，2018 年出版《光影中的创意写作——46 节电影作文课》《童年不可错过的文学课》《中国民间童谣》。2019—2022 年是我创作的高峰期，出版（包括主编）20 多本图书，包括《名家名篇里的写作密码》（三卷）《给语文教师的新建议——如何从新手走向卓越》《刚好遇见——张祖庆散文精选集》《小学生小童话 100 课》《小学生小童谣 100 课》《小学生小寓言 100 课》《名家笔下的老西安》《名家笔下的老武汉》《名家笔下的老南京》等。至于未来，我会写多少书，我也不知道。一切都会水到渠成，瓜熟蒂落。

最后，盘点一下教师专业成长的关键词，概而言之，就是“大量阅读，痴迷写作”。阅读本身就是一件快乐的事情，写作本身就是回馈自己。无功利地阅读和写作，在这个过程中开发自己的精神宇宙，享受教育的幸福，这就足够了。

阅读和写作，可以点亮教师的人生。教师要想教育学生，先要充实与丰富自己。

中　编

修行在课堂

第四讲
文本细读与教学设计

这一讲包含三个板块的内容。第一板块是经典的重新发现。以列夫·托尔斯泰的经典小说《穷人》为例，谈一谈怎样细读文本，确定教学内容，设计教学流程。第二板块是文本教学解读。结合大量文学性文本细读的案例，谈谈文学性文本解读的三把钥匙：抓文本矛盾处，抓文本反复处，抓文本易被忽略处。第三板块推荐一些文本解读与教学设计的书。

一、经典的重新发现——《穷人》文本细读与教学设计

什么是经典？意大利作家伊塔洛·卡尔维诺在《为什么读经典》中有非常经典的表述。

“经典是那些你经常听人家说‘我正在重读……’而不是‘我正在读……’的书。”——经典值得一读再读，反复品味。

“一部经典作品是一本每次重读都像初读那样带来发现的书。”——常读常新，每读一遍都能发现以前没有发现的东西。

“一部经典作品是一本即使我们初读也好像是在重温的书。”——像贾宝玉初见林黛玉一样，第一次见到，就怦然心动。

我们从这三条标准出发去细读《穷人》，可以发现一些以前没有发现的亮点。

先看看《穷人》这篇文章是怎么来的。

法国大文豪维克多·雨果写了一首叙事诗《可怜的人们》，后来俄国

大文豪托尔斯泰读到这首诗，被诗歌中的穷人群像打动了。他联想到沙俄成千上万的农民虽然贫苦，却有着高贵的心灵，而贵族们却精神糜烂无比，于是，他把这首诗改写成了小说《穷人》。我国著名翻译家草婴先生读到这篇小说，深受感动，便将其译成中文，中文版小说感动了很多中国读者。后来，这篇小说被选入我国多个版本的小学语文课本。

雨果写的这首诗，在他众多的诗作中不算出类拔萃，但是经过托尔斯泰改写后的小说，在我国语文界的评价却很高。

1.《穷人》文本细读

先来读一读雨果的诗——《可怜的人们》（开篇部分）：

夜晚，简陋的草房大门关严，
暮色中，屋子里黝黑一片，
什么东西透过昏暗发出微光，
屋子里的墙壁上挂着几张渔网。
破旧的碗橱放在屋里的一角，
隔板上的粗瓷碗若明若暗地闪耀，
一张大床一条床垫铺在床边的旧神圣的大自然又轮到自己去创造，
高高的壁炉里跳跃着不眠的火光，
昏暗的屋顶上一片红光闪耀，
一位妇女面色苍白地跪在床前祈祷。
母亲独守着儿女。门外阴森的大海，
正向着夜空、悬崖、狂风和雾霭，
向着黑暗和礁岩发出悲惨的号呼。
…………

我们再来读一读《穷人》第一段：

渔夫的妻子桑娜坐在火炉旁补一张破帆。屋外寒风呼啸，汹涌澎湃的海浪拍击着海岸，溅起一阵阵浪花。海上正起着风暴，外面又黑又冷，这间渔家的小屋里却温暖而舒适。地扫得干干净净，炉子里的火还没有熄，食具在搁板上闪闪发亮。挂着白色帐子的床上，五个孩子正在海风呼啸声中安静地睡着。丈夫清早驾着小船出海，这时候还没有回来。桑娜听着波涛的轰鸣和狂风的怒吼，感到心惊肉跳。

雨果的诗歌和托尔斯泰改写的小说有什么不同呢？诗歌情感浓烈，多直抒胸臆。小说情感深沉，常借助心理描写、环境描写、对话描写推进故事情节。不同的写法，有着不同的效果。

细读《穷人》文本，有以下几个值得关注的点。

（1）环境对比描写和室内景物描写的高超艺术。屋外寒风呼啸，汹涌澎湃，浪花飞溅，又黑又冷。而屋内呢？地扫得干干净净，炉火未熄，食具闪亮，五个孩子安静地睡着，温暖而舒适。开篇的特写场景先把我们带到了恶劣的暴风之夜。让人称道的是，作者描写室内环境的笔墨非常俭省。读诗歌时，我们关注到还有许多其他物品。托尔斯泰改写时为什么去掉了一些物品呢？这是有用意的，请看——地面干净，炉火温暖，食具闪亮，孩子们睡得香——作者紧紧围绕“温暖而舒适”，从这四个方面进行具体体现。没有一句废话，景物描写艺术之高超，可见一斑。

（2）孩子们安静地睡着和桑娜心惊肉跳的对比。第一段还有一处对比：孩子们在海风呼啸声中安静地睡着，而桑娜此时却感到心惊肉跳。虽然屋外狂风呼啸，波涛轰鸣，环境无比恶劣，但因为有勤勉的母亲带给孩子们安全感，孩子们居然睡得很香。这样强烈的反差，既写出了穷人的穷，也表达了母爱的力量。

（3）意味无穷的“睡觉还早”。第二段讲了桑娜家里的情况，家里有五个孩子，既吃不好，也穿不暖，但是她不抱怨。接下去转到第三段，第一句话表面看平平淡淡，如果不仔细读，就不会发现它的奥妙。“睡觉还早”这句话在文章中起着至关重要的作用。

这时候是几点钟呢？“古老的钟发哑地敲了十下，十一下……”，后面有一个省略号。说明可能是十一点半，十二点，甚至更晚。这时候孩子们已经“安静地睡着”，看来已睡了好长时间。

渔夫回来后和桑娜有一番对话。桑娜告诉渔夫，“我们的邻居西蒙死了”。渔夫问“什么时候”，桑娜回答“大概是昨天吧”……

这时候已是凌晨，可见时间已经不早了，桑娜为什么说“睡觉还早”呢？这里有文章！

第一，桑娜家里有五个孩子，穷得揭不开锅，她必须起早贪黑地工作，所以一般晚上十一二点是不会睡觉的，她要缝缝补补、操持家务。第二，渔夫出海打鱼，根据往日经验，这时候一般不会回来，即使是狂风暴雨，也不会太早回来，要是风平浪静，可能回来得更晚。

桑娜为什么不早点睡觉？渔夫为什么不早点回来？生活所迫！

一句“睡觉还早”可以解读出这么多内涵，抓住这四个字，教学设计一下子就有了灵感。

（4）死去的西蒙。邻居家的屋子里“又潮湿又阴冷”与第一段“温暖而舒适”形成了鲜明对比：同样是穷人，只要主人是勤勉的，还活着，这个家就生机勃勃；一旦主人死去，这个家就显得潮湿阴冷、死气沉沉。

再看“首先投入眼帘的是对着门的一张床”，发现亮点了吗？请大家思考，你家对着门的是什么？玄关？客厅？吊灯？可西蒙家里对着门的只有一张床！可见房子窄小，家徒四壁。托尔斯泰在看似不经意的话语中，透露了多么丰富的信息呀。

“一只苍白僵硬的手像要抓住什么似的”，这只手曾经想抓住什么？正在想要抓住的时候发生了什么呢？西蒙这个穷人同样值得关注，彼时，她虽即将死去，但依然用家里唯一可以保暖的东西——自己的衣服盖在孩子们身上。“用旧头巾包住他们的小脚”“孩子们呼吸均匀而平静，睡得正香甜”，他们不知道自己的母亲死了。多么耐人寻味的细节描写，多么催人泪下的一番白描！这是托尔斯泰写作的高超之处：冷静的描写背后隐藏着深沉的情感。

（5）后半部分的很多处沉默。“两个人沉默了一阵。”“桑娜沉默了。”“但桑娜坐着一动不动。”“桑娜拉开了帐子。”相同的沉默，不同的内心活动，“沉默”背后露出的冰山一角也很耐人寻味。

2.《穷人》教什么

先做加法。这篇课文，似乎有很多内容可以教。

① 单元导语和其他课文介绍。

② 托尔斯泰的生平及主要作品、写作风格简介。

③ 认读并解释词语：呼啸、搁板、忐忑不安、黧黑、熬等。

④ 小说主要写了一件什么事？

⑤ 理解作品的表现手法：环境描写、心理描写、对话描写。

⑥ 用视频展现暴风雨袭击海面的情景，借助插图感受室内“温暖而舒适”。

⑦ 品读心理描写中每一处省略了什么。

⑧ 朗读人物对话，体会人物心理与性格特征。

⑨ 深度理解：桑娜自己本来有五个孩子，再抱来两个孩子，桑娜一家以后怎么生活？

⑩ 探究：小说在似完未完处，却戛然而止，为什么这样写？

⑪ 全文没有一个“穷”字，为什么却以“穷人”为题？

⑫ 读写结合：西蒙临死前会想些什么，如何恰当运用省略号表达内心活动？

⑬ 拓展延伸：补充介绍托尔斯泰的其他作品。

⑭ 用雨果的同名诗《可怜的人们》进行互文阅读。

《穷人》可以教的内容很多。教一两个星期，用十个课时都可以。但是，我们不太可能用十个课时学习《穷人》，一般来说两三个课时就足够了。在有限的时间内，我们可以教什么呢？

再做减法。把可教可不教的，不是必须教的，或者教了学生也不懂的，砍掉或整合。

（1）根据学生的实际知识水平、理解能力和课堂容量进行整合。

① 托尔斯泰的生平及主要作品、写作风格简介。（简化处理）

② 认读并解释字词：呼啸、搁板、忐忑不安、黧黑、熬等。（字词教学，不需要为高年级学生单独安排）

③ 拓展延伸：补充介绍托尔斯泰的其他作品。（没有必要安排）

④ 用雨果的同名诗《可怜的人们》进行互文阅读。（超出学生的理解能力，完全没有必要安排）

（2）根据文本写作特色与言语个性进行整合。

① 理解作品的表现手法：环境描写、心理描写、对话描写。（这三点，哪一个作为重点？显而易见，对话描写不是这篇文章主要的特点。两个穷人之间的对话，学生很难读到位。对话描写在其他很多课文中都可以教，它不是本课的独当之任。所以，对话描写不作为这篇课文的教学重点。环境描写与心理活动是小说中浓墨重彩的部分，是一大特色，一定要花大力气，重点教学。）

② 全文没有一个“穷”字，为什么却以“穷人”为题？（这是一个重要问题。作为整个文本的核心问题，一定要教。）

③ 读写结合：西蒙临死前会想些什么？（桑娜把两个孩子抱回去之后，有一番内心的挣扎和矛盾。西蒙临死前，一定也有复杂的心理活动，对孩子的不舍，对命运的埋怨……对邻居桑娜肯定也有许多期望，但是又不忍心开口求助。此处可以设计一个语言训练点，让学生把西蒙临死前的内心活动还原出来，既可以丰满文本内容，又可以学习内心活动的表达方式，还可以升华情感。这样的练笔不仅仅指向写作，也是对内容和表达方式的理解，以及对语言文字的运用。）

（3）根据课程标准对该学年段的基本要求进行整合。《义务教育语文课程标准：2022 年版》对小学第三学段阅读的要求是：

在阅读中了解文章的表达顺序，体会作者的思想感情，初步领悟文章的基本表达方法……阅读叙事性作品，了解事件梗概，能简单描述自己印象最深的场景、人物、细节，说出自己的喜爱、憎恶、崇敬、向往、同情等感受。

以此为依据，我们继续看本文教学内容的取舍：

① 小说主要写了一件什么事？（这是小说梗概概括，需要安排）

② 用视频展现暴风雨袭击海面的情景，借助插图感受室内“温暖而舒适”。（不需要安排）

③ 小说在似完未完处，却戛然而止，为什么这样写？（可以整合到课外作业中探究）

3.《穷人》可以这样教

第一课时

一、文本溯源，整体感知

1. 出示莫言的图片，问：“大家认识这个人吗？”

2. 出示张艺谋的图片，再问：“是否认识这个人？”

这两个人是怎么联系到一起的呢？

莫言写了小说《红高粱》，张艺谋改编了这部小说，拍成电影《红高粱》，并获得国际电影大奖。莫言创作需要“创造”，张艺谋改编也需要“创造”。

3. 出示雨果和托尔斯泰的图片，他们有什么关系？

法国大文豪雨果写了叙事诗《可怜的人们》，托尔斯泰把它改写成小说《穷人》。雨果的叙事诗虽不出名，但通过托尔斯泰改写，这个故事闻名于世，打动了一代又一代的读者。托尔斯泰改写小说有哪些秘诀值得我们学习呢？

【设计说明】阅读教学是学生、文本、教师、教科书编者之间的对话。对话要有话题，本环节就是建构阅读话题，让学生带着话题走进文本，探究文本的写作奥秘。

4. 指着课题，问："小说中有几个穷人？"

（有的学生说三个，有的学生说七个，还有的学生说九个……）

显然，桑娜是第一主角，请学生用简单的箭头在这些穷人之间画一画，说说这篇小说写了什么故事。

人物关系用箭头一梳理，学生就轻轻松松地掌握了故事的情节，这也是阅读小说的一种方法。

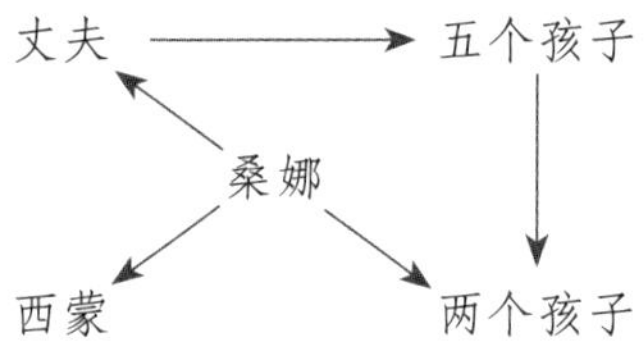

【设计说明】把握小说的情节梗概，是有学习方法的。教师引导学生找出小说的主要人物和次要人物，再用线条表明他们之间的关系，用简单的话即可概括出故事情节。这就是教给学生概述小说情节的方法。

二、细读文本，发现穷人之"穷"

1. 文章题目是《穷人》，但整篇文章没有一个"穷"字，哪些地方在写"穷"？作者是怎么写"穷"的？

2. 细读文本，让学生从全文寻找写"穷"的句子。

3. 学生汇报，寻找穷人之"穷"。

（1）出示第一段，从环境描写和桑娜补破帆，感受"穷"。出示词语"寒风呼啸、汹涌澎湃、起着风暴、又黑又冷、波涛轰鸣、狂风怒吼"，让学生读读，想象在这么恶劣的天气下，渔夫出去打鱼，肯定非常危险，进一步点明：作者用环境描写体现渔夫家穷。

（2）出示桑娜把西蒙的孩子抱回来的那段话，从一连串省略号中，感受穷人的“穷”。正因为家穷，桑娜才会如此“忐忑不安”。

（3）出示第七段西蒙死去的那段描写，从“对着门的一张床”“稻草铺上垂下来”“用旧头巾包住他们的小脚”等细节，感受穷人的“穷”。

（4）从“睡觉还早”四个字，感受穷人之“穷”。明明睡觉不早了，桑娜却觉得“睡觉还早”，说明桑娜平时工作到凌晨，渔夫打鱼回来很迟，进一步说明穷人之“穷”。

4. 小结：作者从环境描写、心理活动描写，以及其他很多细节描写中，写出了穷人的“穷”。

【设计说明】全文没有一个“穷”字，却处处写“穷”，正是这篇小说的魅力。因此，通过细读文本，让学生发现作者的写作秘诀，就是设计这个环节的目的所在。留给学生充分的探究空间，通过大问题、主问题的设计，让学生充分与文本对话，感受文学大师的写作魅力，进而为下个环节的文本补白与情感升华作铺垫。

第二课时

一、再读文本，发现穷人之“不穷”

1. 出示课件：穷人虽然很穷，但他们拥有（　　）。

引导学生从语言文字中，去感受穷人的美好品质。

2. 学生潜心阅读，批注文本，发现穷人之“不穷”。

3. 师生交流。

（1）文中有一段桑娜把西蒙的两个孩子抱回来之后的心理描写很精彩，抓住省略号、感叹号、问号，推测每一个省略号省略了什么？作者为什么不写出省略号背后的东西？

桑娜当时的心情太复杂，想了很多很多，用省略号更能表达穷人那种矛盾复杂的心情。省略号乃神来之笔，淋漓尽致地写出了桑娜的善良。

（2）先点出“温暖而舒适”——女主人勤劳、能干、热爱生活，然后出示两组词语，屋内的温暖舒适与屋外的狂风呼啸形成对比，理解作者高超的写作艺术：寥寥数笔，写出屋外环境的恶劣，屋内布置的温暖舒适。这样的对比，给人以强烈的震撼。

温暖舒适	干干净净	炉火没熄	闪闪发亮	安静睡着
寒风呼啸	汹涌澎湃	狂风怒吼	又黑又冷	波涛轰鸣

（3）寻找渔夫回来后的几处“沉默”，揣摩渔夫和桑娜各自的内心活动，感受穷人的善良。

（4）抓住渔夫“搔搔后脑勺”的动作和他的话“我们，总能熬过去的”，体会渔夫的善良。

【设计说明】《穷人》一文具有打动人心的力量，不仅仅在于作家写“穷”的艺术高超，更在于“穷”字背后那些耐人寻味的东西。在这个课时中，教师应聚焦于探究文字背后流淌着的穷人的高贵情感和美好品质，进一步感受穷人的心灵之美。

二、补白文本，升华对穷人的认识

1. 再次细读西蒙死后的那一段。聚焦“对着门的一张床”理解家里很穷；聚焦“一只苍白僵硬的手，想抓住什么似的，从稻草铺上垂下来”，让学生推想、讨论“西蒙曾经想抓住什么”。

（预设：学生会说“抓住上帝的手”“抓住希望的手”“抓住一些衣服”“有可能伸出手去想敲邻居的墙壁，有可能敲的力气都没有了，有可能犹豫着又把手放下了”……）

2. 补白文本，想象细节。让学生更深切地体会西蒙当时的复杂矛盾心理，引导学生理解恰当运用省略号可以体现西蒙复杂与矛盾的内心。

作为两个孩子的母亲，西蒙在临死的前几天，一定愁肠百结、百感交集。请用一段内心独白，描述西蒙临死前的心理活动，适当运用省略号。

> 西蒙脸色苍白，神情黯然，望望身边躺着的两个孩子，内心充满着不舍、担忧与矛盾。她深思着：____
> ____

3. 出示海明威的一句话升华文本内涵，“贫穷的人往往富于仁慈”。

4. 总结。托尔斯泰写作，草婴翻译。一位用心创作，一位用心发现。我们要用心阅读，发现经典文本中蕴藏着的财富。

【设计说明】西蒙是一个容易被忽略的艺术形象。小说不以“桑娜”为题目，作者是有用意的。因为托尔斯泰并不是要刻画某一个穷人，而是要刻画穷人群像，所以他聚焦西蒙，还原西蒙的内心世界，并用文本中精彩的句段作为迁移写作、补白文本的素材，这样便能引导读者更好地聚焦“语用”，关注小说的特点。结课的点题与升华，让学生对穷人群像有了更深刻的理解与领悟。

以上是《穷人》的文本细读、教学过程和设计意图阐释。为什么细致地分析这个案例呢？

我想打一个比喻：一篇完整的文章就是一头庞大的牛，教师要做的事情是什么——庖丁解牛！把牛身上可以吃的部分找出来，想一想，哪些部分是适合学生吃的，保留下来，而那些不适合的就扔掉。教师备课时不应该先想着怎么教，而要先去思考选择什么内容来教。教师要通过细读文本，先选择合适的教学内容设计教学，再来思考教学目标，最后才是设计流程和教法。然而很多教师思考的顺序是相反的，先想的是怎么教，再去思考教什么以及教到什么程度。

其实，我们还可以再往前走一步：学生从这个文本中可以学到什么，什么是他们需要学的，教师可以为学生提供什么帮助。

从学生怎么学的角度去构思学习活动设计，才是语文教学的方向。

吴忠豪教授在讲座中多次讲到，长期以来，许多语文教师一直在教非本体性知识，在理解内容上做文章。初读课文、精读课文、总结课文，教语文知识、学习技能与方法，而这些往往是零散、无序、经验化的。

语文真正要教的是什么？教师应该带领学生去发现文本遣词造句的规律，领悟小说的表达方法，创设语用实践情境，最后达到迁移运用之目的。至于情感、审美、价值观则是渗透在教学过程中的。语文知识、语文技能、语文方法才是本体性教学内容。

二、文本教学解读

文本教学解读能力，是语文教师极为重要的基本功。小学语文课本中，约三分之二的文章都是文学作品。教师要想提升文学作品解读的基本功，除了需要进行大量高品位的文学阅读，在反复阅读中潜移默化、逐步提升之外，其实也是有窍门的。找到这些诀窍，就找到了打开文学大门的钥匙。我认为，文学性文本教学解读有三把重要的钥匙。

1. 第一把钥匙：抓文本矛盾处

文本中有些看起来矛盾的地方，常常是作者构思运笔匠心之所在。教师抓住矛盾处，细细玩索，摩挲品味，往往可以拨云见日，发现文本之别有洞天。

上文提及《穷人》一课第三自然段的“睡觉还早”，就是典型的一例。正是因为教师发现了这一矛盾处，引导学生细细品读，所以在教学中，学生才有精彩的发现。请看如下教学片段：

师：同学们，全文有一个句子，只有四个字，却能深刻地表现穷人的“穷”，这句话很容易被我们忽略。你能找到吗？它在文章的前四个自然段中，谁找出来了？（学生陆续举手）

生：睡觉还早。

师：你找到的是——

生：睡觉还早。

（师问，生不断重复）

师：找到“睡觉还早”这句话的同学，请举手！（众多学生举手）同学们，从“睡觉还早”中，你发现了什么？

生：第二段说“古老的钟发哑地敲了十下，十一下……”，证明已经都十一点多钟了，睡觉其实不早了。

师：只是十一点钟吗？

生：可能还会到十二点多，因为后面有一个省略号。

师：是呀，这个省略号仿佛就是一记记钟声，表明时间至少是晚上十一点以后了。

生：这个时候，桑娜还觉得“睡觉还早”，这就证明她可能每天都是十一点以后睡觉的。

师：可能到凌晨才睡觉。“睡觉还早”还让你想到什么？

生：从第二段也可以看出桑娜从早到晚地干活，也就说明了“睡觉还早”。

师：从早到晚？我要说的是“从早到早”，从今天早晨到第二天的凌晨，是不是“从早到早”？睡觉真的还早吗？（学生摇头）好，我们一起读读表示时间不早的句子。

【出示课件】

五个孩子正在海风呼啸声中安静地睡着。
古老的钟发哑地敲了十下，十一下……始终不见丈夫回来。
“我也不知道，大概是昨天。唉！她死得好惨哪！……”

师：请大家关注这三句话，分明睡觉已经“不早”了。你看，第三句话分明写的“大概是昨天”，可见她到凌晨才睡。同学们，桑娜只是这一天“睡觉还早”吗？（学生摇头）她长年累月都是这样的！一起再读这四个字。（学生读）“睡觉还早”，这句话背后藏着多少意味深长的东西呀！这就是阅读，这就是发现！

（学生齐读屏幕上的三句话）

师：同学们，我们回头总结一下这节课的收获。托尔斯泰改写雨果的叙事诗的时候，是通过对海上环境描写，对人物忐忑的心理描写以及一些不经意间的细节描写进行创作的。通篇没有一个“穷”字，但是让我们感到“穷”无处不在，这就是大师经典作品的魅力！

再看萧红的《祖父的园子》一文，文章第一段“我家有一个大花园”与后面园子一切“都是自由的”，也是一组矛盾。

一般来说，写花园的文章，重点应该写花园之大、花园之美，而在《祖父的园子》一文中，第一段轻轻带过花园的大和美，作者甚至没有展开写花园里有什么花。但是，文章后半部分，作者却把一切“都是自由的”当作重点来写。这不是和常理相矛盾吗？

只要教师带领学生探究，就能发现文本的秘密：原来，作者写这篇文章，不是写花园之美，而是借花园万事万物之自由，写作者对童年生活的怀念，这才是文本想要告诉读者的。

文本矛盾处也是文本张力处。如果教师能抓住这样的矛盾，就能触及文本主旨，逼近文本内核，理解作者用心。

这样的矛盾处需要用心寻找，潜心体察。只有抓住矛盾，细细体察，方能探得珍珠。

2. 第二把钥匙：抓文本反复处

反复是最常用的修辞手法。反复具有突出思想、强调感情、分清层次、增强节奏感的修辞效果。因此，它被广泛运用于各种文体中。在文学作品，特别是诗歌中运用反复，能够表达强烈深挚的思想感情，起到强调主题、增强旋律的作用。文本反复处往往也是作者用心之所在。在很多文章中，作者反反复复地用类似的句式，表达同样的意思。

萧红的《祖父的园子》中的这段话，是全文的华彩乐章：

花开了，就像睡醒了似的。鸟飞了，就像在天上逛似的。虫子叫了，就像在说话似的。一切都活了，要做什么，就做什么。要怎么样，就怎么样，都是自由的。倭瓜愿意爬上架就爬上架，愿意爬上房就爬上房。黄瓜愿意开一朵花，就开一朵花，愿意结一个瓜，就结一个瓜。若都不愿意，就是一个瓜也不结，一朵花也不开，也没有人问它。玉米愿意长多高就长多高，它若愿意长上天去，也没有人管。

这段话的核心意思就是：园子里，一切都是自由的。作者并没有用这样简单的话来写，而是抓住了“花”“鸟”“虫子”“倭瓜”“黄瓜”“玉米”等事物，用“就像……似的”“愿意……就……”这样一再出现的句式，反反复复地表达同一个意思。

反复就是文本中值得关注的地方。比如，在这段话中，“愿意……就……”出现了很多次。教师在教学中，可以问学生，能否把“愿意……就……”去掉？为什么作者要如此反反复复地表达同一个意思？

教师通过这样的追问，可以帮助学生很好地领略作者写作的匠心。

在《金钱的魔力》一文中，服装店老板喋喋不休地说话：

把那么一套不像样子的衣服卖给一位脾气特别的百万富翁！托德简直是个傻瓜——天生的傻瓜，老是干出这类事情。把每一个大阔佬都从这儿撵跑了，因为他分不清一位百万富翁和一个流浪汉，老是没有这个眼光。啊，我要找的那一套在这儿哩。请您把您身上那些东西脱下来吧，先生，把它丢到火里去吧。请您赏脸把这件衬衫穿上，还有这套衣服；正合适，好极了——又素净，又讲究，又雅致，简直就像个公爵穿得那么考究。这是一位外国的亲王定做的——您也许认识他呢，先生，就是哈利法克斯公国的亲王殿下，因为他母亲病得快死了，他只好把这套衣服放在我们这儿，另外做了一套丧服去——可是后来他母亲并没有死。不过那都没有问题，我们不能叫一切事情老照我们……我是说，老照他们……哈！裤子没有毛病，非常合您的身，先生，真是妙不可言，再穿上背心，啊哈，又很合适！再穿上上衣——我的天！您瞧吧！真是十全十美——全身都好！我一辈子还没有缝过这么得意的衣服呢。

在《和时间赛跑》一文中，爸爸说的“所有时间里的事物，都永远不会回来了”：

所有时间里的事物，都永远不会回来了。你的昨天过去了，它就永远变成昨天，你再也不能回到昨天了。爸爸以前和你一样小，现在再也不能回到你这么小的童年了。有一天你会长大，你也会像外祖母一样老，有一天你度过了你的所有时间，也会像外祖母一样永远不能回来了。

在《穷人》一文中，桑娜把西蒙的孩子抱回来，她忐忑不安地想：

他会说什么呢？这是闹着玩的吗？自己的五个孩子已经够他受的了……是他来啦？……不，还没来！……为什么把他们抱过来啊？……他会揍我的！那也活该，我自作自受……嗯，揍我一顿也好！

凡此种种，都是反复。如果教师抓住了这些反复，研究作者为什么要这样反复，也就抓住了文本的内核。

3. 第三把钥匙：抓文本易被忽略处

在小说《穷人》中，有一处看起来可有可无的闲笔。桑娜提着马灯，去看望生病的邻居西蒙，发现西蒙已死。托尔斯泰以白描的手法，刻画了极其悲惨的场景。

这段话的开头，是这样写的：

屋子里没有生炉子，又潮湿又阴冷。桑娜举起马灯，想看看病人在什么地方。首先投入眼帘的是对着门的一张床，床上仰面躺着她的女邻居。

“对着门的一张床”，这是一句看起来平平无奇的话语。但是，细细揣摩，我们会发现，这个细节极其传神。

大部分人家，“对着门的”绝对不是“一张床”，而是“客厅”“沙发”“吊灯”等。那么，为什么西蒙的家是“对着门的一张床”呢？这就说明家徒四壁！只有穷得叮当响的家，才会有“对着门的一张床”！

这貌似不经意的一句话，简直是神来之笔。这些神来之笔，都是需要教师带领学生细细琢磨的。

中国古典四大名著之一的《红楼梦》中写王熙凤的出场，许多学生会误读王熙凤，认为王熙凤是一个热情、细心的人。学生往往从下面的几句话里找到依据：

这熙凤听了，忙转悲为喜道：“正是呢！我一见了妹妹，一心都在他身上了，又是喜欢又是伤心，竟忘记了老祖宗。该打，该打！”又忙携黛玉之手，问：“妹妹几岁了？可也上过学？现吃什么药？在这里不要想家，想要什么吃的、什么顽的，只管告诉我，丫头、老婆们不好了，也只管告诉我。”

粗略地看，我们会认为王熙凤热情洋溢，体贴细腻。然而，细细品读，我们便会发现言语形式背后藏着的秘密。如果王熙凤真正关心林黛玉，就应该采用一问一答的方式：王熙凤问一句，林黛玉答一句。但是，王熙凤却等不及黛玉回答，像竹筒倒豆子似的连续发问。这哪是真正的关心人呀？王熙凤这一连串话，分明是说给老祖宗听的——瞧瞧，我多关心您的外孙女；也是向众人炫耀的——这个家我说了算！注意到这些，王熙凤虚伪、虚荣、阿谀奉承的形象，便呼之欲出。

在文本中，有些看起来毫不起眼的“闲笔”，往往不“闲”，而是隐藏着作者的深意。这深意，是需要教师指给学生看的。

福建师范大学潘新和教授在《语文：表现与存在》一书中说过，语文教师当是语言奥秘的探索者、解密者、思想者，是学生亲近语言、热爱言说的引领者。语文教师如果没有对言语的个人感受，如果不能带领学生走进言语精微隐秘的深处，指点给学生看自己琳琅满目的发现和发明，从而将自己的言语睿智传递给他们，唤醒他们沉睡的言语感觉，点燃他们的言语悟性和灵性，使他们逐渐获得言语颖悟力，那还要语文教师做什么？……语文教学是一种言语感觉、言语智慧的传递，是用教师的言语感悟和言语睿智，唤醒鸿蒙未启的学生的言语灵性和言语悟性。

诚哉斯言！语文教师只有自觉地成为“语言奥秘的探索者、解密者”，才有可能引领学生“亲近语言、热爱言说”。语文教师，唯有对语言永远葆有不倦探索的好奇心，才能发现文本的更多奥秘，进而拥有更多打开文学宝库之门的钥匙！

语文教师最终能教给学生的是教师自己。只有教师先看见什么，才能带领学生看见什么。如果教师眼前一片混沌，那么学生也跟着教师一片混沌；如果教师眼前一片清明，那么学生也跟着教师一片清明。

三、推荐一些文本解读与教学设计的书

《小学语文文本解读》（上、下）（闫学）

《如是我读：语文教学文本解读个案》（陈日亮）

《崧舟细讲文本：小学语文教材文本解读与教学设计》（王崧舟）

《文字味道》（黄吉鸿）

“叶嘉莹讲诗词”系列《叶嘉莹自选集》《叶嘉莹说中晚唐诗》《人间词话七讲》《唐宋词十七讲》（叶嘉莹）

《诗词例话》《古代诗词三十讲》《小说例话》（周振甫）

《语文教学与文本解读》（詹丹）

《名作重读》（钱理群）

《名作细读：微观分析个案研究》《月迷津渡：古典诗词个案微观分析》（孙绍振）

《解读语文》（钱理群、孙绍振、王富仁）

《支玉恒语文教学艺术研究》（施茂枝）

《于永正课堂教学实录Ⅰ（阅读教学卷）》（于永正）

《现在开始上语文课——薛法根课堂教学实录》（薛法根）

《童年不可错过的文学课》（张祖庆）

《给孩子上文学课》（张学青）

第五讲
怎样上有创意的好课（上）

这一讲将围绕"灵感""设计""演绎"三个关键词和大家分享怎样上有创意的好课。

一、创意灵感从哪里来——以《詹天佑》等为例

任何创作都需要灵感。图纸设计、诗歌写作、音乐创作、小说构思都需要灵感。倏忽而至的灵感，常常会让创作者获得高峰体验。其创作的成果，也往往新见迭出，令人拍案叫绝。精妙的教学设计也需要灵感参与。

诗人戴复古有诗云："有时忽得惊人句，费尽心机做不成。"在公开课的教学过程中，我有时冥思苦想，然而思路阻塞，大有"山重水复疑无路"之状，而一旦灵感光顾，便豁然开朗，又有"柳暗花明又一村"之感。我多次有这样的体验。

有些设计，表面上看仿佛妙手天成，实则苦心经营。是"得之在俄顷，积之在平日"。尼古拉·加夫里诺维奇·车尔尼雪夫斯基说过，"灵感是一个不喜欢拜访懒汉的客人"，的确是这样的。

灵感源于广博的阅读。只有热爱阅读，打开视界，才能"胸藏万汇凭吞吐"，灵感之光才能刹那闪现。语文教师要博览群书，人文社科、文艺科技等图书均要有所涉猎。只有脑袋里装的知识多了，才能触类旁通、信手拈来。一个掌故、一段轶事、一个传说、一句诗词都有可能成为教学设计的吉光片羽。比如，我上过一节群文阅读课——"未来的能源"。我读

了《南方周末》中关于中国空气质量的监测报告，看了纪录片《家园》，读到世界科普巨匠和科幻小说大师艾萨克·阿西莫夫的《不羁的思绪：阿西莫夫谈世事》，还有美国的科普书《环境危机——未来的能源》。我把这些资料整合起来，设计了一节群文阅读课“未来的能源”。这节课的资讯来源广泛，颇有天马行空的特点。这些都源于我广泛多元的阅读。

灵感源于“无用之用”。“无用之用，方为大用”。很多时候，灵感常常会和我们玩捉迷藏的游戏，你越是拼命找，越是找不到它。等你停下来了，几乎要放弃的时候，它会突然出现。《逸经》有言：“文人的灵感都是在饭后茶余生发的，事务不忙的人才会变得聪明起来。”有些时候，我们要做一些无用功，要像《田鼠阿佛》中的阿佛那样，当其他田鼠收集粮食的时候，阿佛却偏偏收集“阳光、颜色、词语”。等到冬天，粮食断绝的时候，阿佛靠着收集的“阳光、颜色、词语”，带着大家度过了诗意而温暖的寒冬。教师在教书之余，要听一些看似无用的音乐，读一些看似无用的书，参观一些看似无用的展览，收藏一些看似无用的饰品，去一些看似无关的地方……也许哪一天，这些看似无用的东西，突然就派上了用场。

灵感源于执着思考。灵感是个淘气的孩子。很多时候，它偏偏躲着你，等到你“望尽天涯路”时，它却突然出现在“灯火阑珊处”。所以，只要持续不断地思考，执着地探索，也许不经意间，灵感就出现了。正如彼得·伊里奇·柴可夫斯基说的：“灵感全然不是漂亮地挥着手，而是如犍牛般竭尽全力工作的心理状态。”努力到无能为力时，也许就是灵感光顾的时刻。

分享一节我上过的课。

2004 年 4 月，我上了一堂公开课《詹天佑》。上完课后，自我感觉不错。于是，我把课堂实录整理出来，发布在“人教论坛”上。

有个网友问我：“把你的课堂实录转发到‘教育在线’，怎么样？”

与更多的教育同行分享自己的课堂是一件快乐的事情，于是，我答应了。没想到，几天后，这份课堂实录在网络上竟然引起轩然大波。朋友告诉我：“你的《詹天佑》课堂实录在‘教育在线’上被批得体无完肤。”

我赶紧上“教育在线”查看，果然，批评得挺“凶”的。因为语文名师窦桂梅和薛瑞萍（网名“看云”）都上过《詹天佑》，网友们便把她们的课与我的课进行对比。那时候，薛瑞萍老师已经很有名气了，窦桂梅老师当然更有名气。我是一个名不见经传的教坛新人，免不了遭到更多质疑。现在看来，有些批评是有道理的，我全盘接受；但有些批评是表达个人情绪，我至今不认同。

后来，机缘巧合，来自北京的特级教师吉春亚和我在一个活动中对一篇课文进行同课异构，活动主办方选定的课文正好是《詹天佑》。于是，我有了《詹天佑》第二个版本的课堂实录。

这一次，我上课的教学流程大致如下：

板块一：导入——建构阅读话题

1. 板书课题，用一句话介绍詹天佑。

2. 从1905—2005年，京张铁路修建100周年。教师借助资料，了解为纪念京张铁路修建100周年举行的各种庆祝活动，明白京张铁路修建100周年的重要性。

3. 思考：一条铁路的诞生真的有那么重要吗？自读课文，读准生字，边读边寻找关键的信息，找出作者重点介绍詹天佑修筑京张铁路的那几件事情。

梳理主要事件：勘测线路，开凿隧道，设计“人”字形线路。适时提醒学生“勘”“凿”的书写。

【设计意图】语文新课标指出：阅读是运用语言文字获取信息、认识世界、发展思维、获得审美体验的重要途径。开篇从组织学生交流关于詹天佑的信息入手，渗透了连缀、点拨、拓展的引领方式，借“1905—2005年”这个时空隧道的飞跃而渲染的百年庆典，用现代教学手段造势，为进入新课作了行云流水的铺垫。初读课文就能把课文读通，是阅读教学的底线，也是教学全程的基石，在这里以概括要点作为初读检查的反馈，自然地融入字词教学。

板块二：品读——再现动人细节

1. 细读课文第四至六自然段，思考：詹天佑在修筑京张铁路中的哪些细节让今天的我们依然深有感触？（学生圈画出自己特别有感触的词语，进行交流）

詹天佑在修筑铁路的过程中，他遇到了哪些困难？出示词组（学生读词组，想象画面）

高山深涧	悬崖峭壁	狂风怒号	黄沙满天	山高坡陡
隧道渗水	攀山越岭	定点构图	深入深涧	

2. 詹天佑在修筑铁路的过程当中，还遇到了许许多多鲜为人知的困难。（出示课外资料中摘录的部分）读完以后，你对詹天佑遇到的困难有更深的感受吗？（三次朗读句子，体会感情）

3. 继续交流：还有哪些细节让你有很深的感触？（预设：学生从“经常勉励工作人员”“同吃同住，不离开工地”等细节思考）引导学生关注三个工程，三个工程也是细节。

【设计意图】运用课件演示詹天佑想出的“两端同时向中间凿进”的办法，体会詹天佑思考周密、具有大智慧的形象。关注“人”字形线路，体会詹天佑独一无二的创举。

板块三：研读——回眸百年沧桑

1. 读课文第二、三自然段，一边读一边回想詹天佑修筑铁路的一些细节，看一看哪些句子让你的心情不平静了，把它画出来，想一想它为什么让你的心情不平静了。

2. 学生交流：抓住“要挟”一词，体会当时帝国主义者看不起中国，在清政府备受欺负、无人支援的情况下，詹天佑面临着的巨大压力。而当时修筑铁路的自然条件恶劣，一路高山深涧，修筑铁路实属不易。体会詹天佑面对困难坚持不懈，仍然成功修筑京张铁路的伟大精神。

【设计意图】全程以“哪些细节让你深有感触”为统领，又把“施工现场”和“为国争气”分成两个板块来设计，更加凸显了詹天佑的爱国精神。对课文作如是处理，实现由实到虚，由内而外的提升，既体现出逐层深入的探究规律，又传达出拾级而上的艺术情韵，显得慧意玲珑。

板块四：活读——倾诉满腔情怀

1. 为了纪念这个伟大的时刻，为了纪念这个伟大的人，河北省政府在京张铁路的青龙桥南口火车站，重新塑造了詹天佑的铜像，并举行了铜像的揭幕仪式。铜像詹天佑身着风衣，手握图纸，神情坚毅，目光坚定，眺望远方。尽管我们没能亲眼看到詹天佑的铜像揭幕的那一刻，但是我们可以通过想象去弥补这个遗憾。假如我们目睹了詹天佑铜像的揭幕仪式，面对着高大的铜像，我想每一位同学一定有很多话想对詹天佑爷爷说。同学们，请拿起你们手中的笔，将你们要说的话写下来。屏幕出示：

> 假如你目睹了詹天佑铜像揭幕仪式，面对着高大的铜像，你一定有许多话想对詹天佑爷爷说……将你要说的话写下来，写的时候可以选用课文学过的下列词语：
>
> 杰出　爱国　阻挠　要挟　轻蔑
>
> 嘲笑　毅然　竣工　藐视　回击
>
> 高山深涧　悬崖峭壁　狂风怒号　赞叹不已

学生在轻柔的音乐《沉思曲》中写话。

2. 学生交流分享。

【设计意图】以结果来判定教学行为的过程价值，此处的“读写结合”应该是水到渠成的。学生在短短的时间里能写出有个人感受的一段话，体现了“情动于中而形于言”的生命状态。

板块五：究读——体察历史意义

1. 回到课前，为什么今天我们要隆重地纪念京张铁路的修建，隆重纪念詹天佑？

2. 这样一个为国争光的人，我们怎能把他忘记？屏幕显示教师写的小诗：

> 1905　　2005
> 百年沧桑
> 可以改变很多很多
> 但詹天佑用生命书写的“人”字
> 永远留在了华夏大地
>
> 纪念一条铁路
> 是为了
> 牢记一段历史
> 缅怀一位伟人
> 是为了
> 传承一种精神
>
> 但是 不要
> 仅仅在特别的日子里
> 才将詹天佑想起

【设计意图】“结尾如撞钟”，一首小诗升华了本文对学生的感染力和震撼力，可谓余音绕梁，荡气回肠，把课堂气氛自然地推向了高潮。

附：板书设计

詹天佑

勘测线路	中部凿井法	缅怀一位伟人
开凿隧道	“人”字形线路	传承一种精神
设计路线		纪念一条铁路

京张铁路（1905—2005年）

2004年11月，我第三次上《詹天佑》。下课后，贾志敏老师、吴琳老师参与互动。那时我年纪尚轻、血气方刚，现场互动异常火爆。下面回顾一下活动现场观点交锋的片段。

吴琳：《詹天佑》是一篇老课文。通常，老师们在讲第四至六自然段时，会遇到很多不好突破的难点。张老师用了一些简单的课件，轻而易举地就让学生理解了课文。比如："从两头向中间凿进"的办法用了两个形象的箭头；"中部凿井法"几个工作面的问题，也通过四个白色箭头的演示，让学生一目了然；特别是"人"字形线路，张老师让学生用话筒当火车，沿着老师画好的路线"走"一遍，学生很快就弄懂了。对这些环节，现场听课的老师有认同的，也有与张老师商榷的。有一个老师的看法很有代表性，他问："张老师没有让学生读课文就直接演示，这样处理好吗？"

张祖庆：谢谢提问的老师。对于第四至六自然段，我根本没有把它们当难点处理。我是从以下两点考虑的。

第一，《詹天佑》涉及的年代离学生比较久远，课文中还夹杂着一些难懂的铁路建设的专业术语，让十一二岁的孩子完全理解那么深奥的文本，是不是有必要呢？

第二，让学生自己读懂，还是借助课件让他们弄懂？这二者不是对立的。"读懂"是目的，"借助课件"是手段。在课堂上，我并没有脱离课文用课件，而是借助课件缩短学生与文本的距离。一堂课的时间是有限的，如果把大量时间花在不必让每个学生都弄懂的问题上，我觉得是浪费课堂时间。我借助课件轻而易举地让学生理解了某个教学难点，就能腾出更多时间，进行更重要的读写训练。况且，课堂上并不是像这位老师说的"没有让学生阅读就直接演示"。

我一直追求"疏可走马，密不透风"的教学风格。中国山水画讲究"留白"艺术，颜真卿的《祭侄文稿》讲究"飞白"，音乐讲究"此时无声胜有声"，它们都给人留下了一个个遐想的空间，这有何不好呢？

吴琳：教材中的难点是对学生来说的，不是谁"认为不认为"呀！你觉得这里不是难点，但学生不借助课件，理解是会有困难的！

张祖庆：正因为有困难，所以要借助课件降低困难，这正发挥了现代教育技术的优势呀！“人”字形线路，如果学生看课件已经弄明白了，就没必要再深究下去。至于几个工作面的问题，我曾经让学生自己画图，结果他们画得乱七八糟。我用课件一演示，学生就弄明白了，再去看文字，就会清清楚楚、明明白白。

吴琳：课件呈现的内容是教师读懂的，不是学生读懂的！学生自己画图，虽然乱七八糟，但是展示了他们学习、思考的过程。我们上课是要结果，还是要过程呢？你不觉得这是教师在代替学生读书吗？

张祖庆：用课件呈现并不是“教师读懂”，而是学生研究文本后，借助课件演示展示自己的思考。这也是过程，只不过这个过程比较短罢了。这和教师代替学生读书是两码事。

吴琳：我的意思是，教师在课上如何教给学生阅读方法，让学生自己读懂，而不是看教师的课件看懂。对这个问题，您怎么看呢，贾老师？（贾志敏老师回答略）

这个版本的《詹天佑》，与第一版相比，有了一定的超越。这节课的灵感从哪里来呢？

2004 年 3 月，“感动中国年度人物颁奖典礼”上的颁奖词给我留下了深刻印象。在看颁奖典礼的过程中，我脑子里灵光一闪：小学课本中有很多了不起的人物，我也可以让学生写颁奖词。于是，这节课有了设计颁奖词的环节。

2005 年 10 月，首都各界隆重纪念詹天佑，因为京张铁路修建于 1905 年，2005 年是京张铁路修建 100 周年。电影《詹天佑》当时也在上映中。几种元素凑在一起，就有了这一版《詹天佑》的设计灵感。

这些灵感源于我大量的阅读：读闲书、读影视、读新闻、读生活。也源于我苦苦的思索，从 2004 年 5 月的教学实录被批评，到 2005 年 10 月的截然不同的重构，我一直没有放弃这节课，于是，才会有“念念不忘，必有回响”的成果。

其实，有时灵感可以从他人的课堂或者相关的资源中获得。这也再次印证了“无用之用，方为大用”的观点。

2015—2016年，我上绘本读写课《神奇飞书》。这节课初始的灵感就来自别人的课堂。

在某次听课时，李祖文老师用《神奇飞书》的视频让学生编故事。李老师的视频让我眼前一亮，但在演绎的过程中，我觉得这节课可以进行完全不同的重构。于是，我立即想到，可以用曼陀罗创意写作法加上《神奇飞书》的微电影与绘本，让学生编故事。后来，我把这节课演绎出来，引起不少教师关注。

我无意中听到一堂课，读到一册绘本，看到一段视频，便把这些因素关联起来，综合起来，就备好了一节有创意的课。

2008年12月25日，我在广东上了一节公开课“创意图书馆”。这节课的灵感又是怎么来的呢？来自我的人生导师张光璎先生。张老师有收藏各种视频和歌曲的习惯，并且经常与我分享。

有一次，张老师发给我一个荷兰图书馆的视频。视频中，一个读者把一张卡放在感应区里，然后读者只要走到哪里，椅子就会跟到哪里，挺有意思。我脑子里即刻萌生出一个创意：我要用这个素材上一堂写作课，让学生用文字来描述这段视频，再让他们畅想未来图书馆的样子。

这节课的效果比预期的还好。当时，于永正老师坐在台下听课，听完课后他非常激动地说：“祖庆，你的课又往前跨越了一步，你把这堂课的教学实录整理出来，我帮你点评。”后来，因为这节课，我成为《语文教学通讯》的封面人物。

二、如何设计有创意的课

怎样设计有创意的课？有以下三个重要原则。

1. 因文而异

教学设计最忌套路化。一旦套路化，任何创意都会变成刻板的程式化的东西。所以，教学设计一定要因文而异。首先要关注是哪个年段的“文”。不同年段的文本，其篇幅、学习目标和文体特征都不同，教师要根据这些不同，选定教学内容，确定教学目标，选择教学策略，只有这样，才能因文而异。否则，如果年年课课都相似，语文课就无趣了。教师展示了第一个环节，学生就能猜到下一个环节。这样的课了无新意，索然无味。

因文而异，最需要关注的是文体特征，文体是较高规则的言语形式。因此，教师备课时一定要关注“这一个”文本属于什么文体，只有因体而教，教出文体特点，才能上好有新意的课。

关注到“这一类”文体共性后，还要关注“这一个”文体个性。比如，在《金钱的魔力》这篇课文中，我们首先关注到这是一篇小说，它有与其他小说共同的特征。但是，细细阅读，我们便会发现，“这一个”文本的与众不同之处。

当顾客掏出那张面额为100万英镑的支票后，老板说了一番长长的话。老板语无伦次、喋喋不休，说来说去无非是说：我的衣服很好，你来买吧。简简单单几句话就可以说完，他为什么说那么多，而且这一段话是不分段的呢？特别的表达方式肯定隐藏着特别的写作意图。

我是怎么教的呢？

一、体验朗读：像主持人华少一样快速朗读老板的话

师：（屏幕呈现教学内容）请大家学着《中国好声音》主持人华少念广告的语速，快速读出文中老板那段长长的话。

学生快速朗读，场面热烈。

师：来，你读一个片段。请大家观察他的嘴巴。

学生语速非常快，全班鼓掌。

师：读了这段长长的话，你有什么感受？

生：我觉得老板的这一段话都是重复。

师：嗯，来，你把“重复”两个字写下来。（学生板书：重复）

生：我认为老板说的话是语无伦次的。

师：好，把“语无伦次”写在“重复”的下面。（学生板书：语无伦次）

二、体验说话：忙碌的老板应该怎样做生意

师：这段话看上去很长。实际上，把它拎一拎，大概是讲——

生：老板一边喋喋不休，一边帮顾客换衣服。

师：快速浏览这段话，找到老板换衣服的次序。

生：首先换衬衫，其次换裤子，再次换背心，最后换上衣。

师：对呀，说这么多，其实就是说，首先把衬衫换上，其次把裤子换上，再次把背心换上，最后穿上衣。我们来试着当一回老板，请根据老板给“我”换衣服的先后顺序，即兴说一段简洁的话，并对每件衣服进行简单的评价。（三位学生上台）

师：你们都是老板，我就是那个买衣服的人，请给我换衣服。

生：先生，首先穿衬衫，正合适；其次穿裤子，好极了；再次穿背心，十全十美；最后穿上衣，简直像个绅士。

师：语气很冷淡，买不买我还要考虑考虑。（全班同学笑）

生：先生，这托德太傻了。来，这衬衫素净、讲究、雅致、考究；裤子妙不可言，穿上吧；背心……

生：先生，首先请穿衬衫，好极了；其次请穿裤子，帅呆了；再次请穿背心，酷毙了；最后请穿上衣，真完美！（全班同学笑）

师：（爽快地）我买！（全班同学笑）

师：你们刚才的发言都只有几十个字。可这位老板却说了300多个字！马克·吐温有一次给朋友写信，信中说：“我注意到你使用平常、简单的语言，简短、精炼的句子……坚持下去，不要让琐碎、花哨、冗长的句子混进来。”此时此刻，你有什么问题要问马克·吐温先生？

生：马克·吐温先生，您不是说要用“简短、精炼的句子”表达吗？

您在这里却用了300多个字来表达一个意思，为什么要写这么多呢？

师：把这段长长的话砍去，好吗？

生：不行！

师：为什么不行？

生：因为这里写的是一个非常势利的老板，所以要用“琐碎、花哨、冗长”的句子写。越是把老板的喋喋不休写出来，越是让人感觉老板爱钱如命。

生：老板怕这个大阔佬会跑掉，所以使尽浑身解数喋喋不休，努力做成生意。

生：用这些复杂的语言，更能体现老板的见钱眼红。

师：好一个“见钱眼红”！不仅仅是“见钱眼开”！

三、体验表演：把老板的“喋喋不休”演出来

师：同学们，只有好好读一读老板说的话，你才能深刻体会到他的话里有什么奥妙。老师把这段长长的话分成四部分，你选一部分，用老板的口吻，满腔热情、语无伦次、喋喋不休地读。自己练一遍，注意适当夸张。（学生投入地朗读）

师：谁觉得自己具有老板的天赋？（大部分学生举手）哇，你们的“财商”这么高呀！请大家推荐一位朗读比较好的同学。

生：（齐）高林杨。

师：哈哈，就是刚才那个小华少。小华少，你上来。你读的是哪部分？

生：我读的是第四部分。

师：现在，我就是文中的顾客。你可以一边说，一边对我做动作。

生：哈！裤子没有毛病，非常合您的身，先生，真是妙不可言，再穿背心，啊哈，又合适！再穿上衣——我的天！您瞧吧，真是十全十美——全身都好！我一辈子还没有缝过这么得意的衣服呢。（学生一边说，一边做动作，语言夸张，表情丰富。全班同学爆笑。）

师：掌声！天才的老板呀。有没有更有老板天赋的？（几个学生举手）你来，读哪一部分？

生：第四部分。

师：也是第四部分？这叫 PK。（请一个学生）你来当顾客。（两个学生一高一矮）顾客跟老板的身材比例有点失调。（学生笑）好，开始！这个老板“居高临下”地推销他的产品。

生：啊哈，裤子没有毛病，真是妙不可言……（学生绘声绘色地表演。全班同学笑。）

师：谁愿意读倒数第二部分？（一个学生上台）这回难度大了，你要做好心理准备。注意，第三部分中老板说的“哈利法克斯亲王”，你觉得是真的还是老板编出来的？

生：很可能是编出来的。

师：这个老板，嘴上是这么说的，心里却想着另一套。现在我们两个来演“双簧”。你读屏幕上的这段话，我争取把你内心的话掏出来，不管有没有说对，你都往下读。

生：这是一位外国的亲王定做的——您也许认识他呢，先生——

师：压根儿没有这个亲王。（学生笑）

生：就是哈利法克斯公国的亲王殿下，因为他母亲病得快死了——

师：他母亲压根儿没病。（学生笑）

生：他只好把这套衣服放在我们这儿，另外做了一套丧服去——

师：压根儿没做丧服。（学生笑）

生：可是后来他母亲并没有死——

师：当然没死。

生：不过那都没有问题，我们不能叫一切事情老照我们……我是说，老照他们……

师：呃，老照谁，我自己也忘记了。（师生大笑，场面活跃）你看，这老板，为了讨好、巴结顾客，竭尽全力：一会儿贬低托德；一会儿说自己的裁缝店“高端、大气、上档次”，跟亲王做生意；一会儿把顾客夸上天。

重复啰嗦也好，语无伦次也好，目的只有一个——

生：讨好顾客。

师：老板面对这张巨额钞票，内心发生了巨变，所以他的话语跟平常我们见到的老板不一样——失去常态了。（板书：失常）这段话，再一次让我们充分感受到了马克·吐温“幽默，真实而带刺”的写作风格。

我告诉学生，后来这个顾客把那张面额为100万英镑的支票弄丢了，很多人纷纷上门讨债。当得知顾客的那张支票不翼而飞以后，那位老板是怎样虚伪地讨债的？请学生仿照课文的写法，写一段老板吞吞吐吐又冠冕堂皇地讨债的话，适当运用语气词和夸张手法。

学生把刚才那番话迁移过来，编出很多理由，然后一口气写出一段长长的话，这就是语用——语言文字的迁移运用。这个环节的设计既丰满了故事情节，又让学生深刻地领略到作家写作的风格，并迁移运用了表达技巧。

这节课既紧扣了小说的文体特点，又把握了这篇文章与众不同的写法，所以上出了新意，师生都全身心地沉浸在创意课堂里，尽情享受语文带来的快乐。

2. 因人而异

教学设计因人而异的原则里的“人”，有两个意思：第一个意思是学生，第二个意思是教师。

教学设计，一定要因学生的不同而不同。

对不同学段的学生来说，教学目标是不同的，教学内容和方法也会随之而不同。同样的字词教学，在小学低年级，是重中之重；到小学中年级，也许还是重点；到小学高年级，就不再是重点。这就是因学段而异。

不同地域的学生，由于生活经验不同、学习基础不同、地域文化不同，教学设计肯定也要不同。对平原地区的学生来说，就不需要解释什么是平原；对海滨地区的学生来说，就不需要解释大海和礁石为何物；北方的学生可以不用借助视频教学大雪，而海南一带的学生却恰恰相反……这些，都是因学生生活的地域不同而选择不同的教学内容或教学方法。

教学设计，还要因教师的不同而不同。

新手教师和熟手教师，由于教学经验和把握课堂的能力不同，教学设计当然也会截然不同。同样的教学设计，对于熟手教师来说，可能上得非常精彩，但新手教师却可能上得异常尴尬。因为两者的理论水平和课堂把控能力是完全不同的。因此，新手教师的教学设计，不妨让问题指向性更明确一些，板块切分更细致一些，教学内容更明朗一些。而熟手教师的教学设计，则可以呈现更多的开放性、包容性和生成性。

由于教师个人的教学个性与风格也是截然不同的，因此教学设计要紧扣自身特点。文艺范儿的教师，擅于把课上得诗意盎然；长于理性思维的教师，擅于把课上得清清爽爽；热情洋溢的教师，可以与学生共同打造精彩的课堂；稳重踏实的教师，可以让课堂安静而从容。只有教学设计契合教师自身的风格，才能上出让师生都舒服的好课。

总之，只有因人而异地去设计教案，才能上好有创意的课。只有教学设计是合适的，才有可能是有创意的。

3. 守正出新

语文教学既要守正，又要出新。很多时候，教师为了追求创新，而忘记了语文的根本。因此，任何创新都要建立在守正的基础上。没有守正的创新是缘木求鱼，无异于玩火自焚！

语文教学一定要守住“朗读”的“正”。语文学习任何时候都不要忘记朗读这件事。于永正老师反复强调：语文教学的所谓亮点，首先应该在朗读上。教师要读得正确、流利、有感情，并引导学生读得正确、流利、有感情，是一种美妙的境界。叶圣陶先生说：“阅读教学总得读。”张田若先生说：“阅读教学，第一是读，第二是读，第三还是读。”如果学生能把课文读得正确、流利、有感情，就证明学生理解了课文的内容，体会出文章的思想感情了。把课文的内容和感情通过自己的声音再现出来，就是一种再创造，是赋予作品以生命。师生能读得入情入境的语文课堂，一定是充满生机、充满灵性、充满情趣的语文课堂。

语文教学一定要守住“语用”的“正”。语文课程是一门学习语言文字运用的综合性、实践性课程。学习语言文字运用是语文学科的独当之任。语文课要把重点放在揣摩作者“如何表达”“为什么这样表达”上来。教师要带领学生发现言语形式的奥秘，探究言语形式背后的写作意图，努力做到结合文本创设语境，尝试迁移运用，这是无论何时都要守住的。

语文教学一定要守住“思维”的“正”。语言是思维的外壳。学习表达表面上看是学习语言文字，实际上是学习思维。思维是语言的内核。教师要引导学生提问，引导学生思考，引导学生沉入文本深处，发现文本的秘密。只有具有思维张力的语文课，才是真正的好课。否则死记硬背或者机械重复操练，只会把学生引向应试教育的泥沼。

当然，语文课要守住的“正”，还有其他。比如，要守住“审美”的“正”，要守住“大量阅读”的“正”……

只是守正还不够，还得创新。包括在文本解读上创新，在教学内容选择上创新，在教学目标确定上创新，在文本组合上创新，在教学方法方式上创新……

我们来看《祖父的园子》这个文本的教学。

先提出问题：写花园时，我们一般要重点写花园的大和美，但是，这篇文章的作者为什么要把花园里万事万物的自由作为重点来写呢？

对这个问题，我在课堂上采用了暂时搁置的办法。我先让学生思考如下问题。一切都是自由的，到底写了哪些事物是自由的？怎样才能通过朗读展现它们的自由呢？或者说，现在你就是园子中的万事万物，你愿意做什么？有的学生说，我愿意做倭瓜，愿意爬上架就爬上架，愿意爬上房就爬上房。越来越多的学生说，我愿意开一朵花，我愿意结一个瓜，我愿意像玉米一样想长多高就长多高……

接着，我让学生以园中万物代言人的方式，站在凳子上、椅子上，姿态自由舒适地、极其夸张地朗读。

我们读得很带劲，我引导学生关注反复出现的一个词语——“愿意”。愿意就叫任性，任性就是自由。除了“愿意”，还有一个“就”字也是反复出现的。难道作者是无意写的吗？如果把这个“就”字去掉，味道就没有了。

课堂上，我和学生配合着读这段话。比如，我读“花开了”，学生就读“就像睡醒了似的”。文中的“就”，仿佛小孩子的一种顽皮，像任由自己的个性一样的儿童。

充分朗读后，我追问：为什么作者萧红要把这些事物写得这么自由？

我带领学生回到前文去探究，发现作者小时候生活很自由。

为什么作者的生活很自由？因为园子里有祖父，所以题目是《祖父的园子》。因为有祖父，这个园子就自由自在。

就这样，由一个片段带出了整篇课文的教学。这样的教学既守住了“朗读之正”，也守住了“语用之正”，还守住了“思维之正”。但整个教学过程也是很有创意的，是趣味盎然的。

这就是“守正而出新”。

总之，语文教学的创意设计，要因文而异、因人而异、守正出新。

三、不落俗套地演绎

有了设计灵感和教学方案，接下来，就是课堂演绎了。

以作文讲评课为例。一般来说，作文讲评课有“欣赏”“挑刺”“修改”三大板块。

但是，久而久之，我们会发现，作文讲评课就落入程式化教学的窠臼了。如果每一节作文讲评课都是这样的套路，学生和教师就会生厌。

因此，我们要寻求变化。教师设计好教案之后，也要随着课堂的推进而随机应变、动态生成，让课堂产生一些有意思的教学资源，然后把它们演绎成教学亮点，让我们的课因为这些亮点而精彩无限、令人回味。

这样的不落俗套，需要经验、智慧和勇气。教师要善于读懂自己的课堂，即时生成教学资源，常上常新。

接下来，我们来看一个像小品一样有趣的课堂片段：

教师出示一张特别的QQ好友印象图片，请学生猜猜这个QQ好友是谁。

师：咱们班有很多同学不约而同地写了一个人，大家猜猜她是谁？

生：孟琴靓婧。

师：对。小孟，请上台。同学们，你们觉得你们对孟琴靓婧同学的描述，让老师印象最深刻的是哪一点？

生：馋猫。

生：喜怒无常。

生：脾气火爆。

生：正义。

生：幽默风趣。

生：能说会道。

师：让老师印象最深刻的是这段——

只见孟琴靓婧双手叉腰，脚狠狠地一跺，豪迈地大喊——“马瞻希，你别欺负肖天佑了，有本事你跟我斗！”再看，马瞻希营造好的气势，一下子被英勇无比的孟琴靓婧比下去了。他知道此事不能善了。无奈，只有跟她斗一斗了。孟琴靓婧可是少有的女中豪杰。她不动如山，沉稳地包住马瞻希的拳，牵制住了他，马瞻希觉得不妙，便将手往后一伸，却发现孟琴靓婧的手如同钳子一样，擒住了他。他想往前冲，却又被孟琴靓婧围困住了。

师：马瞻希，请上台。来，小孟包住小马的拳，别动。这钳制，让我想到了老鹰捉小鸡。

师：“老鼠钻风箱——两头受气”，这个歇后语用得太棒了。这是罗鉴煜写的《仗义的孟琴靓婧》。

还有一位同学也写了孟琴靓婧救肖天佑的故事，是这样写的：马瞻希在楼梯上狠狠地瞪了肖天佑一眼，被孟琴靓婧发现了，一声河东狮吼……小孟，怎么吼？

（孟琴靓婧表演“吼”）

师：……一声河东狮吼，吓得他噤若寒蝉，只好打消了报仇这个念头，孟琴靓婧则一路护送肖天佑到了教室。这叫美女护英雄啊。写得好吗？

孟：写得好极了。

师：哪里写出了你的侠义风范？

孟：一声河东狮吼。

师：这两篇作文，因为有很多鲜活的细节，所以整篇文章都鲜活起来了。接下来，我们再来看幽默风趣这个板块。

（师生合作朗读，孟琴靓婧表演）

孟：静息！

师：小孟大叫一声，把正在批改作业的老师吓得抖了抖，我的笔也差点掉到地上。小孟转过头，对老师露出洁白的牙齿，眼睛眯成一条缝，摆出V的姿势，讨好地说——

孟：老师，您没发现吗？这声音是多么地动听啊！

师：小孟就凭这几句话，以及说话之前的那些动作，就足以令人喷饭。女中豪杰，既有豪爽的一面，也有幽默的一面。我很欣赏她。接下来出示的这个片段，你可能不太高兴。馋猫——

孟：佳桐，饭多点儿嘛……

师：小孟，用重庆话来讲好不好？

孟：（重庆话）佳桐，饭多点儿嘛，这么少哇？这是给馋猫儿吃的？你瞧瞧！这么少！再来一瓢，多盛几勺！

师：同学们一起读——

生：说完，小孟大摇大摆地走向了座位，三下五除二就把碗里的饭给统统消灭，又拿起碗去添饭，一瓢、两瓢、三瓢、四瓢……一个劲儿地将饭往碗里倒，眼见桶里的饭快没了，就对后面的同学说——

孟：同志们，对不住了啊！为了你们的身材着想，小孟我对不住你们了，我多吃点，你们少吃点，才能帮助你们保持苗条身材呀。

师：你看，文章用语言写出了小孟的食量大。小孟，听了三位同学的评价，有何感想?

孟：作为班上这么有魅力的同学，我感到很骄傲。我想说，作为一个吃货，这对我来说是一件很光荣的事情。（对后排听课的老师说）还有，美术老师在后面偷笑，您不要偷笑了好不好?

师：谢谢小孟，请回座位，小孟是天才的喜剧演员。掌声感谢小孟，更要感谢这么多写小孟的作者，你们为大家带来很多欢笑。写小孟的文章，给了我们新的启发：写人要用鲜活的材料来写，写他做过的事情，写他做事情过程中的细节。

在这节课中，小孟同学的出场就是一种不落俗套的演绎。我把学生写小孟的文章集中在一起，采用点击“QQ 好友印象”的方式，既让学生开怀大笑，又让他们学到了写出人物特点的方法。

这个过程不落俗套！这样上课新意迭出！

上好有创意的课，灵感非常重要。灵感不是凭空掉下来的，往往是“望尽天涯路”之后“蓦然回首”，那课“却在灯火阑珊处”。

课堂设计要避免四平八稳。要根据不同的文章、不同的班级以及教师自身的风格来设计，不要为了出新而抛弃语文根本的东西。

不要试图用一堂课解决语文教学的所有问题，也不要过于在乎别人会怎么看。一节课不要面面俱到。只需确立一到两个核心目标，围绕核心目标重锤敲打、演绎到位，课堂就有了亮点。

第六讲
怎样上有创意的好课（下）

“怎样上有创意的好课”这个话题抛出后，老师们反响热烈，提出了很多问题，现在我把这些问题归类整理并回应如下。

第一组问题

1. 请教张老师，上“裸课”时如何尽快摸准学生的预习情况及学习能力，发现他们没有达到自己预期的标准时怎样调整？

2. 异地上课，课前感觉到学生紧张，不太爱表现，怎么调动现场气氛？

3. 公开课中如何做到分层教育，进而更好地关注每一个学生？

张祖庆回答

1. 异地上课，课前如何谈话

我经常上“裸课”。我说的“裸课”，是指没有经过试教的课。既是“裸课”，又是异地上课，教师会发现学生普遍紧张。

因此，课前谈话非常重要。谈话要注意三点：第一，选择合适的话题；第二，让学生笑起来、动起来；第三，时间不超过 5 分钟。

在公开课上，教师和学生初次见面，学生难免紧张。选择合适的话题谈话，能让学生在 5 分钟之内放松下来。当然，如果师生在课前见过面，这种谈话就没必要了。

好的话题非常重要。有些教师喜欢问："猜猜老师今年多大年龄？"这是个很尴尬的问题，特别是女教师，如果你只有三十几岁，学生猜你四十几岁，你是哭还是笑？还有些教师喜欢让学生介绍自己的名字，这和本节课有什么关系呢？好的课前谈话最好跟那节课沾点边儿，要起到"草蛇灰线，伏延千里"的作用。

我在上《穷人》的时候，从莫言的小说《红高粱》和张艺谋的电影《红高粱》聊起，让学生知道，莫言的小说《红高粱》被张艺谋改编成电影，大放异彩。莫言2012年获得诺贝尔文学奖，学生也熟悉张艺谋，由这两个人物入手，学生很感兴趣。上课之后，再引入雨果和托尔斯泰：雨果写了叙事诗《可怜的人们》，托尔斯泰把它改写成了小说。这样的话题既从身边来，又与课建立了适度关联，自然是好的话题。

上"一个印象深刻的人"作文赏评课，我是怎么引入的呢？我出示三个人物QQ图像，请学生判断哪一个是我的。我先出示一个女性的QQ图像。学生说："老师，这个不是你的，上面写的是女字旁的她。"然后出示两个男性的QQ图像，请学生根据文字推测，哪个更像张老师。

这次谈话的目的是什么呢？我想告诉学生：可以从多个角度评价一个人，既可以是他的音容笑貌，也可以是他的穿着打扮、胖瘦高矮、性格脾气等。这样，学生会身心放松，自然而然地进入课堂。

好的课前谈话看似漫不经心，实则苦心经营，要不着痕迹地为教学埋下伏笔。课前谈话还要让学生笑起来，谈话内容要有意思，要尽量让学生多表达，甚至还可以跟学生一起做游戏。

需要注意的是，课前谈话最好不要超过5分钟。这只是餐前的开胃菜，不能喧宾夺主。如果学生进入状态太快，那么等到课堂进入高潮的时候，学生可能会出现情绪的回落。再者，如果课前谈话就聊了10分钟，那么听课的教师会厌倦。

2. 学生慢热，怎样调整设计

在公开课上，教师经常遇到学生慢热的情况。此时教师一定要淡定，千万不能说“同学们，没关系，别紧张”，你越说“别紧张”，学生就会越紧张。教师在课前谈话时千万不要问“同学们，你们紧张不紧张”，学生本来不紧张，教师这么一说，学生反倒紧张起来了。

如果学生慢热，教师要波澜不惊，不要让学生意识到自己很紧张，教师可以适当降低要求。特级教师于永正举过一个生动的案例。有一次，于老师在新疆上课，他启发了好长时间，学生就是不举手。怎么办呢？于老师发现这些学生课文读得不熟，便马上改变思路：“同学们，这样吧，你们跟着老师读课文。”然后，他一句一句地教，学生一句一句地跟读。于老师在这个学生的头上摸一下，在那个学生的头上摸一下，学生读得越来越好。接下来，于老师就提几个问题考学生，慢慢地，学生的学习状态越来越好。

当学生启而不发时，教师可以对学生说：“这个问题有一点难，我建议大家先在小组里讨论讨论。”然后走进三五个小组听一听，跟学生一起聊一聊，帮助学生把答案引出来。慢慢地有学生举手了，教师可以说：“我知道咱班同学是慢热型的，就像电脑一样，容量太大了，硬盘太大了，需要较长时间启动，老师相信大家一定会慢慢启动。”接着找一个胆大一点的同学发言，多表扬，多鼓励。教师也可以把一个大问题切分成几个小问题，慢慢地把学生带动起来。

3. 关注更多的学生

无论是上公开课，还是上家常课，教师关注到每一个学生几乎是不可能的。我们要尽量让学生，尤其是后进的学生，享受到成功的快乐。

有些学生举手犹犹豫豫的，教师可以让他站起来回答，然后肯定：“你讲得不错呀，在这节课上再举三次手，获得三次亮相的机会，敢不敢挑战？”教师可以跟学生拉钩，然后不时地看着他，有些简单的问题可以请他回答，慢慢地让这个学生对自己有信心。教师要千方百计地为学生搭建展示才华、体验成功的舞台。

野百合也需要春天，那些常常被遗忘的学生，更需要教师的关注。

第二组问题

1. 学生的回答与课文主旨不同，甚至在价值取向上截然相反，如何处理？

2. 课堂上如何解决特殊孩子的突发状况？

张祖庆回答

这两个问题可以整合起来回答。如果课堂上遇到突发情况，教师不要惊慌，也不要回避。我有如下两个应对策略。

1. 针对学生的回答追问

特级教师王崧舟有一个经典案例。在教学《我的战友邱少云》时，王老师问："邱少云一动不动的，像一块巨石趴在火堆里。此时此刻你有什么想对邱少云说的？"一个学生站起来说："邱少云，你真是个傻瓜。"其他同学哄堂大笑。

怎么办呢？王老师没有慌，而是追问："你说说看，为什么邱少云是一个傻瓜？"

学生说："火在自己身上烧，在地上打个滚儿，也许敌人看不见他，就可以自救呀。平时一点火星儿溅在我们的皮肤上，我们都疼得哇哇叫。大火烧在邱少云的身上，他居然纹丝不动。他不是傻瓜，谁是傻瓜呀？"

王老师回应："是呀，邱少云此时一定疼痛难忍。他的亲人也非常关心他的生死。可他为什么放弃了活着的希望？联系前文，邱少云真的傻吗？他不傻，但是他知道，只要他一动，可能整场战役就前功尽弃了。请同学们把这段话好好读一读，把你们对邱少云的崇敬和感动读出来，老师相信你们一定能读好。”

课堂上，遇到突发情况时，教师一追问，还原学生的思维过程，就明白该怎么应对了。

其实，有些节外生枝的问题，可以在班里展开讨论，把突发情况转化成有价值的话题。

比如，我在执教《登山》这一课，学到“列宁通过很窄很窄的一条小路，终于看到了日出，回来的时候他又走了这条小路”时，一个学生说：“我觉得列宁这样做是一种无谓的冒险，他在拿自己的生命开玩笑，他在拿革命的前途开玩笑，我觉得列宁不应该这样做。”

横生出来的一个问题！但也是一个非常有价值的问题。

我马上调整了教学内容，随机应变道：“哪些同学支持他的观点？哪些同学反对他的观点？请大家到课文里去找依据，结合时代背景谈谈自己的想法。”

一石激起千层浪，学生们纷纷从文本中寻找依据。

有个学生支持：“第一次走过去，他是要锻炼自己的意志。既然已经证明自己能过去，为什么回来的时候还要冒险呢？假如不小心踩空了，就会粉身碎骨。所以我认为列宁的这个行为不合适。”

有个学生反对：“列宁第一次是挑战自己，第二次是超越自己。一个革命者如果连自己都超越不了，那么他怎么领导整个俄国的革命呢？所以我为列宁点赞。”

这就是动态生成。

2. 在节外生枝处应变

有时学生提出的问题无法在课堂上解决，或者与这节课毫无关系。比如，上《鲸》这一课时，有个学生问：“老师，你说世界上最大的鲸到底多大？鲸的寿命很长，目前已知最长寿的鲸有多少岁？”教师不可能全部知道，怎么办？问题可以暂存着，让学生到课外找答案。

有时课堂上还会发生更难以把控的事情。2016 年 10 月，我在徐州上

《神奇飞书》一课，课上到三分之二时，我让学生去发现书中藏着的细节，然后和大家分享。这时，大屏幕突然黑了，舞台上的灯光也熄灭了。观众席的灯光斜照过来，学生处在半明半暗当中。如果屏幕修不好，几乎没法上课了，因为我的课必须借助课件。怎么办呢？

我说："同学们，刚才你们已经看了一遍课件。根据自己的回忆，你觉得绘本的画家、作者的哪些地方创作非常精彩，请你把发现的细节和大家分享。"（因为学生刚刚看过完整的《神奇飞书》图文，脑子里还有一些印象，所以我让他们在黑暗中讨论绘本中究竟隐藏着哪些神奇之处）我想，5 分钟后，屏幕和灯光应该能恢复吧。可 5 分钟过去了，设备依然没有被修好。

突然，不知哪里来的灵感：如果学生使出洪荒之力大声喊话，那么台下的老师听得到吗？试试吧。

于是，我马上对学生说："考验大家的时刻到了，谁的嗓门大，就请你使出洪荒之力让声音传向会场的每一个角落。"

会场鸦雀无声。静默了 15 秒。

终于，一个学生站到中间，大声说："我发现这本绘本的颜色用得非常精妙，当作家莫里斯遭受生命的灾难时，它的颜色是一片灰暗，当人们到达图书馆时，颜色就变成彩色的了。没有书的生命是灰暗的，有书的生命是光彩的。"

一阵热烈的掌声。

就这样，学生们一个接一个地站起来分享。台下特别安静。学生和老师怎么也没想到，居然可以这样上课！

离下课还有七八分钟时，电来了。

我说："同学们，电来了，让我们转身回到座位。"

你猜怎么着？那些席地而坐的学生竟然不愿意站起来了，他们说坐着上课挺好玩的。于是，我就请工作人员帮忙把台上的桌子全部挪开，我也坐在地上，继续跟学生对着大屏幕聊天。

这节课让我终生难忘。我相信在现场听课的老师也会终生难忘。这次突发事件反而成就了这堂经典的课。

所以，面对课堂上的节外生枝，我们不要怕，也许它正是来成就我们的。

2017年初夏，我在扬州上一节公开课。

课始，学生特别拘谨。我发现，虽然天气比较热，但带班老师为了让学生穿戴整齐，竟然要求学生统一穿春季校服。学生被裹得严严实实，像粽子。我说："同学们，请跟着老师做一件事情。"我把一个学生叫起来："请把你的外套脱掉，你看你背着沉重的'壳'，怎么轻装上阵呢？下面请全班同学一起把外套脱掉。"脱了外套，我带领学生一起做抻拉运动，学生一下子就轻松起来，话匣子打开了，课堂渐入佳境。

如果几个班级的优等生合并在一起上课，学生不愿意发言，怎么办？教师要随机应变，要思考学生紧张的原因，并想办法化解。

有一次，主办方出于好意，把多个班级的优等生聚集在一起，让我上课。实际上，这样对学生进行优化组合不一定是好事。因为班级是临时组建的，学生之间比较陌生，不会畅所欲言。这时候，老师可以说："同学们，今天有些同学来不了，老师就到其他班找了些同学，听说有三四个班呢，这些班的同学，你可能认识一些，说说看，你认识哪一个班级的谁？"学生在交流中慢慢融为一体。"今天咱们临时组成一个班，五（8）班，现在咱们就是一个班的同学了。"如此一来，学生之间的陌生感没有了，距离拉近了，慢慢开始畅所欲言。

无常是生命的真相。课堂上的一切意外皆正常。作为教师，我们要坦然面对一切。上公开课哪怕真的失败了，又怎样呢？兵来将挡，水来土掩。失败是成功之母嘛！

第三组问题

1.张老师好，我马上要评中高职称了，如何分文体准备说课稿？说课是讲完整的一课，还是讲一课时？说课时，话题如何切入？

2. 有些竞赛课，临时抽签抽课题，老师准备的时间很短。在这种情况下，赛课老师该如何准备？尤其是职称面试，祖庆老师是否有独门秘诀？

张祖庆回答

1. 关于文体的问题

上课或者说课，要做好充分准备。比如，你可以针对小说、诗歌、散文、记叙文、寓言、神话等各种文体，还有精读课文、略读课文、选学课文等各准备一个模板。关于文体特点，大家可以关注几本书，王小毅、周一贯老师都有相关专著。此外，荣维东教授、王荣生教授也出版过文体教学的论著。当前教育类杂志上有很多相关的文章，大家也可以关注一下。

需要提醒的是，教师心中要有文体，但不要太强化文体。教师要教出文体的特色，但不要教给学生文体知识。关于文体知识，我倡导“盐在水中”，而不要“水落盐出”。比如教小说，你可以从我的《穷人》《金钱的魔力》两课中揣摩教法。我抓住环境描写、心理描写或者故事情节等，凸显小说的人物形象，但我在教学中并没有灌输小说的文体概念。

2. 说课怎样分课时

关于说课，如果是选学课文就只说一个课时，如果是精读课文，则先把两个课时主要做什么都讲清楚，然后重点说其中一个课时。第一课时完成什么任务，第二课时完成什么任务，现在重点说第几课时……说课的一般流程是说教材、说目标、说教法、说学法、说流程、说板书、说特色、说理论。真需要说这么多吗？

我认为四大板块就够了。

第一板块，说文本解读。说清楚文本是第几册第几单元，有什么特色，可以生成哪些教学内容。

第二板块，说教学目标。说教学目标千万不要站在教师的角度，目标的表述主体应该是学生，例如，“学会几个生字”“通过联系上下文理解词语”“初步学会应用”等。

第三板块，说教学流程。建议以板块的方式推进，问题要少。比如上《穷人》这一课，我的问题具有很大的包容度。第一课时的问题是：请学生说一说从哪些地方看出不同人的穷；第二课时的问题是：穷人虽然很穷，但他们拥有什么，从哪里可以看出来。教学流程要根据时间分配来安排，不要面面俱到。你觉得哪个地方有创意，就把这个点展开，不要每个环节都很具体，这样既在时间上来不及，也不会给人留下深刻印象。不仅要凸显设计亮点，还要凸显自己的优势。如果你的粉笔字写得不好，就少写一点。如果你的粉笔字写得好，就多写一点。如果你的朗读有感染力，就落落大方地朗读一段……尽量做到扬长避短。

第四板块，说设计意图。这个板块可以提前准备。关注近期杂志或热点问题，比如，如何体现以学定教，如何凸显文体意识，如何加强语言文字实践，等等。再比如，统编教材中有好几个学习策略单元，你就可以讲讲学习策略在这节课中怎样渗透。讲两个点就好，不要面面俱到。

时间分配也有讲究。如果说课时长是 10 分钟，就用 3 分钟解读文本，用 1 分钟讲教学目标，用 5 分钟重点讲教学流程，用 1 分钟穿插讲设计意图。如果说课时长是 15 分钟，那么以上各个环节的时长乘以 1.5 就差不多了。

如何做到稳中求新，既没有太多硬伤，又有一点创意呢？说课比赛的时候不要过于求新。因为评委的知识层次、年龄结构不一样，所以他们评判好课的标准必然不一样。鉴于此，为安全起见，只要在中规中矩的基础上，有一两个创新点就够了。功夫在平时，要学会从优秀教师的课中找亮点，学会迁移、贯通。

再谈谈说课中的一些其他问题。比如，着装要得体大方，衣服搭配要和谐，全身上下不要出现三种以上的颜色。女教师不要戴首饰，不要浓妆艳抹，可以化淡妆。进门时要行礼问好，出去时也要行礼问好。眼神要经常和评委交流，声音要让大家听着舒服。语速就像聊天，注意抑扬顿挫。控制时间，可以拿一个计时器放在桌子前面，提前半分钟结束最好。千万不要超时，时间到了就停，一句多余的话都不要再讲。

第四组问题

1. 在课堂上，张老师对每个学生的回应、引导、评价总是那么恰到好处。请教张老师：课堂上怎么练就因人而异的评价智慧？

2. 教师的教学语言如何不啰唆？我想做到，但是好难。

张祖庆回答

1. 在研究和实践中提升评价智慧

评价语如何因人而异？我觉得教案是写不出来的，我们要从更多特级教师的案例中去揣摩，去学习。慢慢地，你就会悟出来。

当学生的思维出现偏离时，我们可以采用“归谬法”评价。

教师问学生什么是“浩浩荡荡”，学生说是很多人在走路。再问，街上有很多人自由自在地走路叫“浩浩荡荡”吗？所以“浩浩荡荡”是什么？是很多人排着长长的队伍，很有气势地往前走。

这是支玉恒老师教学《飞夺泸定桥》时一个词语教学的片段。在支老师的引导下，学生对“浩浩荡荡”就真正地理解了。别小看词语教学，小词语，大学问，支老师把归谬法演绎到了极致。

当学生的答题思路与众不同时，我们要把学生回答问题的思路和创新处揭示出来。有的时候，学生回答完毕，教师特别欣赏这个同学的观点，别人没想到的他想到了，别人没有说出来的他说出来了，那就一定要表扬，及时把这个学生的观点和思维方式提炼出来。表扬容易，但现场提炼是要功夫的。只有一个办法，就是多看多实践。

面对需要鼓励的学生，我们要耐心等待并不吝赞美。不要看到学生结结巴巴回答不出来，就请他坐下。结结巴巴的学生才是特别需要教的。他为什么结结巴巴？也许是缺少思维支架，也许是缺少关键词引领。这时教师的引导很关键。教师可以这样讲：“别急，先深呼吸，老师提示你几个词语，你再试试看能不能讲清楚。”

面对综合性的大问题，我们要给学生充足的时间，并帮学生梳理要点。有时候，教师刚提出一个问题，学生马上就举手，这时不要急于请他回答，要提醒学生：“面对这个深奥的问题，马上就举手的同学肯定没有深入思考。先理清思绪，列出几个关键词，再举手，好吗？”半分钟过去，学生列好了关键词，表达就有条理、有深度了。等很多学生都回答了，教师再借助关键词综合梳理。

提问是需要智慧的，因人而异是一种智慧，学会等待也是一种智慧。

2. 提升语言素养，始于语言的精练、简洁

教师的讲话风格就是他的教学风格。于永正睿智，窦桂梅激情，薛法根智慧，王崧舟诗意，贾志敏严谨，支玉恒洒脱。我讲话的风格，和以上这些教师比起来，还显得特别稚嫩。

教师在形成自己的讲话风格之前，先要让自己的教学语言精练、简洁。那么，如何让自己的教学语言变得简洁呢？我有下面四招。

一是多整理自己的课堂实录，你会发现自己的话太多了，进而渐渐地让自己的课堂语言简洁起来。

二是多观摩特级教师的课堂实录，看看他们是怎样做到语言精练简洁的。

三是强迫自己少接学生的话头，有时候要强迫自己做一个传递话筒的人。

四是多读古文，学习古文的简约之美。

第五组问题

1. 要上公开课了，想要把教学过程设计得出新、有亮点，可是没有灵感，该怎么办呢？

2. 作为新手教师，有时候真的很纠结“守正和创新”。尤其是上公开课，守正可能不出彩，但可以保证不出错，创新搞不好就容易出错。

张祖庆回答

对这两个问题，我想给出以下三条建议。

1. 如果是比赛课，那就要兼顾守正与出新

大框架是守正的，局部一些小环节可以试着出新。还是以《穷人》为例，我教这一课时，让学生圈画“从哪些地方看出穷人的‘穷’”，这是守正。这个框架下的小环节，我就采取出新——“接下来老师要考考大家，如果你来当老师，老师和其他同学当学生，那么请说一说你从哪个地方读出了穷人的‘穷’？”

让学生当老师，既有新鲜感，又能产生对话感，听课老师也会觉得眼前一亮。这就是出新。

有时候还可以引入游戏。《神奇飞书》中有个环节，很多书都在房间里振翼飞行。这个环节我就引入了游戏，我请学生伸出手臂做振翼飞行的动作，“当莫里斯来到你面前的时候，你要把自己当成一本书”。

“先生先生，快来读我吧！我是一本小说，里边充满神奇的故事。”

“先生先生，快快读我吧！”

这个游戏很有新意，学生学得兴致盎然。这就是形式出新。

2. 如果是家常的公开课，就可以适度创新，但不要太出格

上完课之后要虚心请教，尽量向所有听课的教师请教，请他们指出你的不足之处，以及改进的办法，千万不要给人留下桀骜不驯的印象。

3. 如果是教研组的研讨课，就可以自己做主，即兴上课

上任何类型的课，都不要追求面面俱到。“教得完整不如学得充分”，

这是薛法根老师的观点，我非常赞同。只有抓住一个创意点充分展开，才会有更深入的精彩生成。

第六组问题

1. 什么样的提问才是有效提问？不同的文体，教学内容不同，会影响有效提问吗？

2. 欣赏名师公开课时，应该从哪些方面入手？教学艺术和教学技术哪个更容易学到？模仿名师的课，常常学得不像，还有没有模仿的价值？

3. 我上完课，经常反思课堂的不当之处，但是课已经上完了，第二课又是新的开始，如何将反思用于后面的教学？或者说如何利用反思真正提高自己的教学水平呢？

张祖庆回答

1. 哪些问题是有效的

什么是好问题？我认为，好问题就是一把钥匙，能带领学生走进文本。能引发思考的问题，能指向目标的问题，具有开放性、包容性的问题，能关注学生差异的问题，紧扣文本的问题，来自学生的问题……这些都称得上是好问题。

那么，好问题是否就有效呢？不尽然。首先，有效的问题要跟教学目标息息相关；其次，有效的问题要激发不同层次的学生思考；最后，有效的问题要设计在学生的最近发展区，能够激发和唤醒学生的学习热情，能够把学生的思维引向高阶。

2. 模仿名师分阶段

职初教师要重点学习名师是怎么组织教学与设计问题的，是怎么回应学生的；骨干教师要学习名师的教学艺术和气质风格。学习名师还要与名师同课同构，把名师的录像课找来反复地看，把名师的每一句教学语言记住，再带进自己的课堂。有条件的教师可以把自己的课录下来，通过与名师的课进行对比，就会发现自己与名师在哪些地方有差距。

这样学习三五年，你就会发现，同样的课上下来，你的课和名师的课相似度越来越高。这时候你就要开始创新了，也就是从巨人身边另起一行。

记得当年我上了一节公开课之后，一位老师说："张老师，您的课真像王崧舟老师的课。"我知道他这是夸我，觉得我跟王崧舟老师上课的风格很像。但作为一名教师，太像别人就会失去自我。所以我下决心，今后再也不挑选情感浓烈、诗意十足的文本，以免自己的课上得太有诗意。同时，我给自己定下一个规矩：教案写得简短一点，设计粗放一点，这样课就可以上得更灵动一些。我知道，诗意方面我达不到王崧舟老师的高度，我要根据自己的特点打造属于我的课堂。后来，王崧舟老师对我说："祖庆啊，你的课已经形成了自己的风格，你用不着学我。"

从巨人身边另起一行，不要成为巨人的影子。与其成为某某第二、某某第三，不如成为唯一的自己。

3. 不停留于浅层反思

有反思能力的教师一定会进步，但是也不要太着急。

反思是必需的。如果你上完一节课，发现了问题，并且想好了怎么改进，有强烈再上一遍的冲动，那么你可以借班级再来上一遍。一学期尝试两三次，就会对上课有完全不一样的感受。如果找不到其他班级上课，就把感触最深的地方记录下来。有价值的教学反思应着力于教学特别失败或者特别成功之处。如果你上完课，很兴奋，那就趁着兴奋劲儿，赶紧把教学感受写下来。场景、细节、课堂对话写得越具体越好。如果你上完课后感觉说不出的糟糕，就想一想问题到底出在哪里，把问题记下来。如果你每学期都认真写十篇教学反思，那么你的教学水平一定会提高。

写了教学反思后，教学不一定马上就会得到改进，要着眼长远。关键在于养成反思的习惯，改变自己的心智模式，学会凝视自己的课堂。苏格拉底说："未经省察的人生没有价值。"同样，未经省察的课是经不起推敲的。一个学期观摩三至五节自己的课，你会发现自己的教学语言不够简练，要么习惯性地重复学生的话，要么表达不精练。只有发现不足，你才会刻意减少这些重复性的话，教学语言才会逐渐精练。你还可以回看名师录像，多读文学作品，多听名人演讲，模仿电视中的主持人，学习表达技巧，提高语言表达能力。

其实，上好公开课的技巧是可以学会的，而课背后的"道"不是轻易可以学会的。这个"道"是什么？是对学生、对语文的理解。

对学生、对语文的理解来自哪里？也许在观摩的过程中，也许在反思的过程中。归结起来一句话：课上得精彩，功夫却在课外。大量阅读，开阔视野，适当打磨课堂，勤于反思，慢慢地你就会成为上课高手。

也许有的教师说，我实在不是上公开课的料，怎么办？

那就放弃。

不是每个人都可以在公开课的舞台上光彩熠熠。我们可以找到适合自己的领域，并为之努力。

用一个公式来说就是，学习 + 反思 + 实践 = 成长。成长不是一蹴而就的，而是一个漫长的过程，且伴随我们一生。

第七讲 怎样上好作文赏评课

这一讲的主题是“怎样上好作文赏评课”。

一般我们都叫“作文讲评课”。我一直认为，作文讲评课有一种居高临下的感觉，老师说你好你就好，老师说你不好你就不好。我提出“作文赏评课”，把“欣赏”加进去，是有想法的。下面将结合具体案例，谈谈我为什么提出这个概念，以及上作文赏评课时在操作中应注意什么。

一、因材施教，对症下药

先看一个真实的案例。

部编版五年级下册第五单元习作的主题是“形形色色的人”。有一次，我受邀上这个主题的作文公开课。上公开课的前几天，我收到一个班的作文，痛苦了两个星期。为什么？一是因为学生的字写得特别糟糕，二是因为学生的作文一般选三四件事，每件事都蜻蜓点水，一带而过，且学生选的题材让人啼笑皆非：

逛超市的时候，我和家人走散了，老奶奶送我找到家人。我说谢谢老奶奶，老奶奶说，这是她应该做的。

下雨了，我到外面去等妈妈，邻居老奶奶让我去她家，给我洗澡。最后爸爸接我回去。

一位老奶奶顶着烈日在扫地。我问她热不热，她说不愿意看到地面这么脏。

不仅写的都是老奶奶，而且这些老奶奶无一例外都特别热心，特别善良。还有写老爷爷的，如下面几个片段：

老爷爷教我下棋不要半途而废。

我的自行车坏了，老爷爷麻利地修了一个小时。他只收我一元钱。

一家人去买苹果，本来要付四元钱，老爷爷只收了三元钱。

这些爷爷奶奶的境界都非常高，本领都很强，都特别善良。全班36个学生，其中有7个学生写老奶奶，6个学生写老爷爷。更让人欲哭无泪的是，班里十几个同学写的都是少年“将相和”，如表7-1所示。

表7-1　少年“将相和”

我和伙伴闹矛盾的原因	我和伙伴和好的原因
我和同桌划三八线	下雨天他帮我打伞
有一次考试，他不借笔给我	我不小心摔倒，他帮助我
对某个问题意见不一致	同学给我作文纸
吃饭时，他把我的饭盒推翻了	后来知道我误会了同学
玩耍时，他把石头扔在我的头上	我的脚崴了，他和妈妈来看我
……	……

我百思不得其解。怎么会出现选材高度雷同、内容高度虚假的文章？我实在忍不住，拨通了这个班语文老师的电话。

语文老师告诉我：“张老师，不瞒您说，这还是第二稿。”

“第一稿是什么情况？”

“第一稿是每个学生都写了三四件事情，但没有把一件事情写具体。

我看学生不会展开，就用了两篇范文。”

“你用了哪两篇范文？”

“第一篇范文讲的是陈明和小木船的故事。我和陈明是好朋友，有一次打乒乓球的时候，我把陈明的乒乓球踩扁了。陈明要离开的时候，我做了一只小木船送给他。”

我明白少年“将相和”是“小木船”惹的祸。

“另外一篇范文说的是有个孕妇乘公交车，一位好心的老奶奶主动给孕妇让座。”

我恍然大悟！这个班学生的作文出现了重大问题：不会选生活中真实的素材，生搬硬套，简单模仿，虚构题材。

找到问题根由，就好办了：对症下药，上一堂作文赏评课，着重指导学生怎么选材。至于怎么指导，我下面会展开。

二、浏览习作，发现亮点

下面讲讲上作文赏评课的具体步骤。

1. 聚焦亮点，赏中有导

收到学生的作文后，首先，我会浏览一遍，如果发现比较好的地方（题目、句子、标点、选材、细节等），就随手做个记号。如果有可圈可点的，我就圈一圈或画波浪线。其次，聚焦亮点。不同的学生，习作亮点可能表现在不同的地方。课堂时间有限，不可能面面俱到。所以，教师要聚焦一两个点，有时欣赏题目，有时欣赏遣词造句。

拿“形形色色的人”作文赏评课来说。其中一个班级学生的作文题目拟得特别好，我就给学生呈现了 10 个作文题目：

①钱塘江上的“喊潮”爷爷

②路边的“麦霸”

③ 一个令我敬佩的人
④ 朴实的“梨爷爷”
⑤ 白胡子“雷锋”
⑥ 湿透半边的“袖管”
⑦ 那位环保的老爷爷
⑧ 会治病的老师
⑨ 黄衣“天使”
⑩ 表“帝”

如果让你选择，你会选择什么样的题目呢？

比较受欢迎的有两个题目：“路边的‘麦霸’”和“表‘帝’”。原因是有新鲜感，表“帝”与“表弟”谐音，暗含在家“称王称帝”之意，给人想象空间，耐人寻味。相比之下，“一个令我敬佩的人”“那位环保的老爷爷”显然没什么特色。

和同学们一起欣赏完作文题目后，我便在受欢迎的作文题目旁边写上对应的同学的名字，以示鼓励。

紧接着，我追问：“为什么有的作文题目大家特别喜欢？”

教师要帮助学生归纳命题方法：“钱塘江上的‘喊潮’爷爷”，有画面感；“白胡子‘雷锋’”“湿透半边的袖管”“会治病的老师”和“路边的‘麦霸’”，有新鲜感。教师一边欣赏，一边指导，还要总结方法，让学生明白：拟作文题目很有讲究，不能随心所欲。

有时候，学生的标点符号、词语用得非常精准，或者句子非常有特色，就可以集中欣赏这方面的精彩表现。比如，有的学生这样写妈妈：

她每天早上都要在镜子前站上半个钟头，把面霜、胭脂往脸上搽。等我吃完早饭，就会发现她的脸颊变得红通通的，活像两个苹果绣在脸上。

“绣”字用得多精准，妈妈臭美的形象跃然纸上。

我的网虫老爸一回家就打开电脑上网。有一次，老妈问老爸刚晒好的衣服在哪里，老爸不假思索地说："存在电脑里了，等我找出来之后给你。"

"存在电脑里了，等我找出来之后给你。"就这一句话，爸爸的"网虫"形象呼之欲出。

我印象最深刻的是我们第一次见面时的场景。Judy 走进我们班，笑眯眯地说："如果谁叫我'猪蹄'，我就叫他'狗腿'。"

一个有趣的英语教师的形象透过人物语言立起来了。你看，一句精彩的话可以点亮一个人。

在我们奥数组中，总有一个人，书桌上的书堆得高高的；总有一个人，小桌布上画了许多奇怪的算式；总有一个人，抽屉被挤得满满的。这个人就是 ×××，你还经常能在他的小脸上找到污点呢！

"总有一个人"连续出现三次，刻意强调，印象深刻。

我有时候怀疑他拥有双重人格。一到人山人海的地方，他就像一团泥黏在我身上，甩都甩不掉，比猫还乖；一到人少的地方，他翻脸比翻书还快。你这个瘟神，我，本大小姐，决定了，好好治治你的臭脾气！

最后一句话口语化，加上妙用标点符号断句，将面对淘气包的"本大小姐"生气的样子写得活灵活现。

2. 发现亮点，三条原则

欣赏学生的习作，要把握三个原则。

（1）要善于沙里淘金。哪怕学生的作文写得实在不怎么样，但总会有一些亮点。分段合理，标点用得恰当，都可以欣赏。教师要善于发掘学生作文中的亮点。

（2）重视写作能力弱的学生。如果教师总是表扬写作能力强的学生，写作能力弱的学生就容易被忽略、被遗忘。如果他们长期感受不到被表扬的快乐，就会对写作失去兴趣。所以，教师要善于给写作能力弱的学生制造惊喜。

怎么制造惊喜？如果你发现某篇作文的题材不错，但是写法平铺直叙，就可以把学生找来，对他说："同学，你这篇文章的题材特别好，就是有几句话需要改一改。"学生修改后，你可以隆重且极其夸张地当着全班同学的面说："今天，我要为某同学开一个表彰会，请大家欣赏他的作文。"先不要告诉学生这是谁的作文。学生读完之后，让他们猜一猜。当学生猜完之后，教师一点鼠标，这位学生的名字就会从"天"而降。当这位学生看着屏幕上自己的名字时，他一定会心花怒放。

同样是点名表扬，学生的名字放在读文章前和读文章后，表扬的效果完全不一样。先读文章，再让学生猜作者的名字，能延长被表扬学生的成功感、喜悦感。教师要把一次小小的表扬，变成一个非常隆重的仪式。

每个教师都应该在口袋里放很多顶表扬的帽子。我们把表扬的帽子一顶一顶地戴在学生的头上，学生便会兴奋起来，对学习的热情就会越来越高涨。

（3）知其然知其所以然。表扬学生的作文时，要点拨到位，要让学生明白，教师为什么表扬他。教师要善于帮助学生发现自己作文中的优点。可以先让学生说说自己的文章好在哪里，学生讲不出来时，教师再点拨。比如，上"形形色色的人"作文赏评课时，学生通过小品式的表演和在全班同学面前赏读，使劲地夸同学，被夸的同学被点亮了，写作的学生也享受到了成功的喜悦。大家在欣赏作文和表演的过程中，进一步总结了写作方法，学有所乐，学有所获，这就是知其然知其所以然。

马克·吐温曾经说过："一句赞美的话，能让人灿烂三个月。"教师一句赞美的话，也许会让学生灿烂一辈子。上作文赏评课，一定要多赞美。

夸奖里藏着写作智慧，夸奖里总结了写作规律，夸奖可以让学生对下一节写作课有所盼望。

三、细读文本，发现问题

上作文赏评课不反对发现问题。当教师发现问题之后，要隐去学生的名字。请记住：表扬的时候要把学生的名字放大，发现问题的时候一定要隐去学生的名字。如果老师当面批评学生，那么哪怕是一个词语用得不合适，学生也会很在意，会觉得老师是在损他。

1. 发现问题，寻找病因

（1）表达不精准，雷人的语句。有的学生不知道自己的语言是有问题的，比如：

她衣着朴素，只有一件灰色外套，头发有点白，手已经露出骨头来了，还拄着一根拐杖。

可怕吗？“手已经露出骨头来了”。其实是“瘦得皮包骨头”。还有更可怕的：

我拿着钱，立刻认真地挑选起来，不一会儿，我的眼球就落在了货架上那个悠悠球上……

“眼球就落在了货架上那个悠悠球上”，那还了得！分明是“视线落在悠悠球上”。我们得把这样的语句挑出来，让学生自己寻找问题在哪里。通过观察、比较、品味，让他们发现如果词语表达不精准，句子的意思就完全变了。

经常有学生会写一些不符合实际情况的话。比如：

他面容慈祥，嘴里还带着一丝微笑。

嘴里怎么会带着微笑？

突然，一个黑影出现在我背后，可是我并没有发现那个黑影……

到底是发现了，还是没发现？

世界上的人各有特点，而我身边的爸爸满身都是特点。

嘿！你到底有几个爸爸？

这些语句之所以雷人，主要是因为学生没有体悟到语义的细微差别，语感不够敏锐。他们写了作文或从不检查，或自查能力较弱。对这类作文，教师要在投影上展示病句，并引导学生通过大声朗读来发现问题，帮助他们慢慢地养成自查自纠的习惯。

（2）不符合实际，雷人的细节。有的学生的作文中有很雷人的细节：

她紧紧地握住我的手，和我一起过马路。突然，一辆奔驰车闯了红灯向我们冲来。我顾不得一切，抱住她的腰腾空一跃，逃过了此难……

这段话一看就假，细节经不起推敲。我问学生："你是不是在拍奔驰汽车的广告？"学生们都笑了。现实生活中不可能有这种场景。

这样雷人的细节，在一些学生的作文里比比皆是。主要原因是学生缺乏对生活的精细化观察，胡编乱造。这样的习作适宜让学生通过比较来分辨哪些是精彩细节，哪些是雷人细节，从而培养他们精准的细节捕捉能力。

（3）思维格式化，雷人的文体。有的学生写老师工作时很敬业，竟然看见老师头上布满了青筋，泪水一下子就流出来了，活脱脱“最佳演员体”：

有一次，我的东西掉在了学校，回去拿的时候，发现老师办公室里的电灯还亮着。我从门缝里看见老师还在改作文，老师的头上布满了青筋，老师深夜未回家，我的泪水湿润了眼眶。

这样的习作主要问题是学生的思维固化，学生缺乏选择典型事例的能力。对策是通过头脑风暴，让学生至少罗列三种素材，三选一，进而选择典型的、有表现力的素材。

（4）详略不当，选材不当。有的学生写文章喜欢到处挖坑：

我的妈妈不是人，她是“超人”。

“超人”有着比孙悟空还要厉害的“火眼金睛”的本领。如果我想偷偷换掉毛衣里面的三层保暖内衣，或者是边写作业边看《米老鼠》，刷牙懒得用牙膏，洗手懒得用洗手液……这在“超人”面前只能空想，因为这些雕虫小技是绝对逃不过她那双慧眼的。

“超人”还长着神仙一样灵敏的“顺风耳”。我练口风琴时故意少弹几小节，或者躲在自己房间里偷偷摸摸地看电视，“超人”的“顺风耳”一听一个准儿。

“超人”最厉害的法宝是她的樱桃小口，我和爸爸都是她的“口”下败将。只要“超人”柳叶眉一竖，樱桃小口一开，我和爸爸就没有好日子过了。就像听到唐僧念经，没完没了。任我是刀枪不入的孙悟空也很难过这一关哪！

这样的作文，主要问题是缺乏整体观。对这样的问题，我通常先问学生，“妈妈哪一点让你佩服或者印象深刻”？如果学生说，“我妈妈的眼睛非常亮，我做任何事都逃不了她的‘火眼金睛’”，我就会说，“那你就详写‘火眼金睛’，其他一带而过”。如果学生说，“我妈妈的嘴巴太厉害了，经常说得别人哑口无言”，我就会说，“那你略写‘火眼金睛’‘顺风耳’，用具体事例说明妈妈的嘴巴厉害，谁都辩不过她”。

这就是对症下药，教给学生写作方法。

2. 发现问题，三忌三要

教师发现学生写作的问题有三忌三要。

一忌“看病不开药”，要“既看病又开药”。教师找到学生作文中存在的问题后，要给出解决方法，告诉他怎么样改才好。

二忌“恶语伤人六月寒”，要“忠言顺耳利于行”。教师千万不要用讽刺挖苦的方式，让学生丢脸，让学生难堪。教师应站在学生的角度，告诉学生怎样修改才会让文章锦上添花。

三忌“胡子眉毛一把抓”，要“抓主要矛盾”。如果学生的作文问题很多，教师不要面面俱到，点出较大的一到两个问题并解决就可以了。

四、精心赏评，有的放矢

1. 麻辣酷评

作文赏评的第一个方法是麻辣酷评。什么是麻辣酷评呢？一般情况下，我会用打油诗赞美作文写得好的地方，让学生有一种惊喜感。偶尔我也会用打油诗指出作文写得不好的地方，这时学生会因幽默的表达而会心一笑。比如：

罗老师喜欢穿一身黑色运动服，一双白色运动鞋。他的眼睛又大又圆，眼神特别柔和，一笑起来，特别灿烂，总是那么平易近人，一点距离感也没有。都说笑是全世界的通行证，罗老师的那抹笑，让我们一下子成为他的朋友。

我是怎么评价的？我送给学生一首打油诗：

黑白两色一身酷，
远看就像一茶壶。
炯炯有神大眼睛，
一抹笑容距离无。

我抓住颜色、眼睛来评价，顺便把写人物外貌的方法点出来了。再比如：

我有一个弟弟，今年3岁。他有一双神奇的眼睛。这双眼睛会变，有时是单眼皮，有时是双眼皮；更妙的是，有时候是内双，有时候是一双一单。好玩吧？他有一张熟透了的樱桃小嘴，让人忍不住想要去咬一口。他的头发特别“葱郁”，真怀疑那颗脑袋被施过化肥。

我的麻辣酷评如下：

一双眼睛真神呀，
忽单忽双变戏法。
樱桃小嘴惹人爱，
肥沃脑袋净长发。

如果学生的作文出现了一些问题，比如：

长长的脸蛋上，长着乌黑黝亮的黑发。嫩嫩的皮肤上，镶嵌着两颗黑宝石般的眼睛。小巧会说话的嘴巴，总是惹人喜爱。她穿衣挑剔，非常爱打扮自己。这就是“臭美娃”。

脸蛋上长黑发，皮肤上镶嵌着眼睛，显然不对。我便用麻辣酷评的方式把问题幽默地点出来，让学生易于接受：

有个妹妹生得怪，
黑发长在脸蛋上。
皮肤上面嵌眼睛，
不是超人她是谁？

总之，麻辣酷评不是目的，目的是总结方法，指出问题，让学生觉得作文赏评课原来这么有意思。

2. 对比发现

作文赏评的第二个方法是对比发现，就是将题材相同、内容一优一劣的两篇作文放在一起，让学生去发现差异，并从中提炼写作技巧。比如，左边的作文写得好，右边的作文写得一般，你喜欢哪一篇，为什么？在比较、分析的过程中，师生共同提炼出写好文章的方法。

3. 重点突破

作文赏评的第三个方法是重点突破。如果学生的作文素材都是编造的，那么教师怎么对症下药呢？

这一讲刚开始时，我们提到那个班级的学生不会选素材。现在，我聚焦作文选材问题。我把写作坐标图印发给学生，让他们拿起一支笔随意连接职业、绝活、性格、爱好、生活环境、年龄、穿着、体型中的任意一项，如图 7-1 所示。

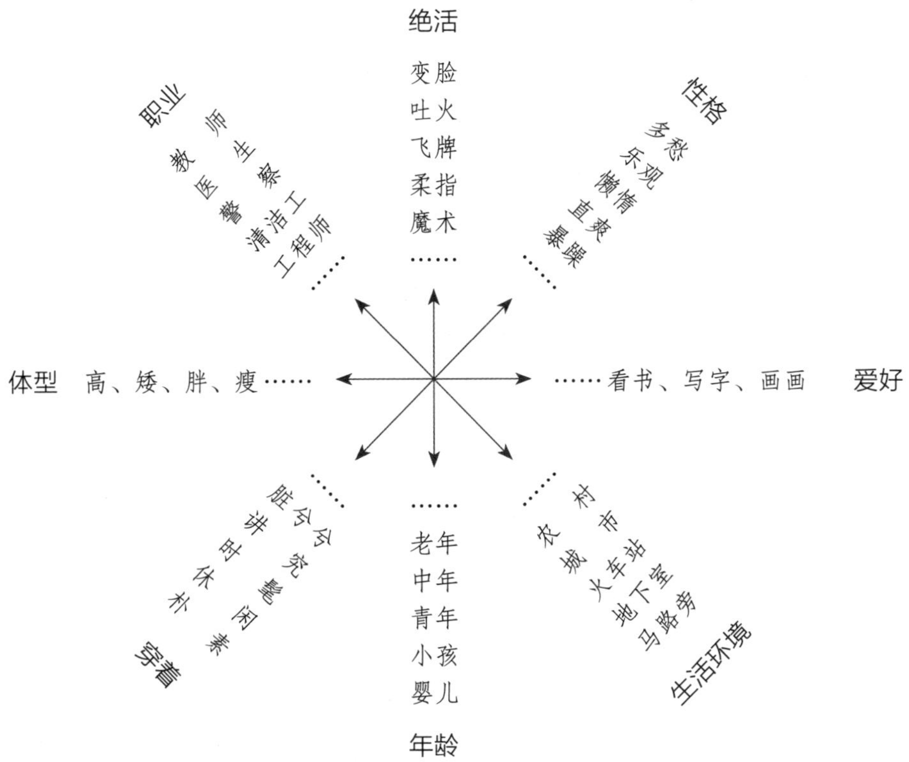

图 7-1 写作坐标图

比如，地下室里有一个喜欢写字的叫花子，他特别瘦，穿得脏兮兮的，但是他做的事却特别感人。

比如，我在学校门口见到一个长得很瘦的卖红薯的老爷爷，我多给他钱，他坚决不要，有时候还会多给我一些红薯，多么好心的老爷爷呀。

比如，有一次在某家四川餐馆吃饭的时候，我发现一个变脸技艺高超的演员。

这个写作坐标图其实相当于触发器，学生随意地画画连连，突然就会想起在什么地方，发现了一个什么样的人。画着画着，学生就豁然开朗，“原来这个坐标图可以帮助我打开思路”。我让每个同学都跟自己的伙伴分享一个真实的人的故事，然后说说他哪一点让你印象深刻，这就帮助学生解决了写作文选材难的问题。

4. 东拉西扯

在作文赏评课上，教师要善于东拉西扯。

有一次，我在讲台上放了一瓶水、一袋盐，跟学生聊烧菜。怎样烧菜呢？是把菜单独烧出来，然后盐放在一边，蘸着吃好，还是把盐放到水里溶解后烧成菜好吃？学生肯定地说把盐放到水里烧出来的菜好吃。为什么？因为盐在水中没有痕迹。一边吃菜，一边吃盐太可笑了。然后，我顺势举例——有些同学经常在文章结尾点出：通过这件事情，我懂得了一个什么道理。这就是盐跟水分开的写法。我们要把盐溶于水中，要将道理巧妙地隐藏在文字之中。

有时候，我们也可以把课外的一些好文章引进课堂，用佳作启发学生的写作思维。我曾经在《南方人物周刊》读到大姿的《儿童小胖》，就用来指导学生习作：

表姐幼儿园有个唐氏综合征儿童，胖，比同班小孩大两码，XXL。

他妈妈为了让他进个正常幼儿园颇动用了些关系，估计也使了些银子。在带着小胖子见了幼儿园的王院长后，终于成功。小胖进园后就见了什么领导都统称王院长了。老师说："叫李院长。"小胖子："王院长好。"老师说："这是李院长！"小胖子："王院长再见。"

小胖子有个特殊习惯——午睡全裸。可以想象他晚睡也是全裸的，但那个时段裸就裸吧无所谓，午睡全裸却直接导致几位老师的崩溃。每天午饭用毕，他把自己脱光，舒服地躺倒在床，一觉呼到两点半。醒了以后，他就那么全身精光地、小脸儿红扑扑地、一身睡痕红褶子地光着脚丫子踱到走廊里，跟来来往往的阿姨们喊"Hi"。

阿姨们起先非常惊恐——那毕竟是个XXL码的大男孩子！掩面奔走了一段时间后，大家慢慢地，适应了！

小胖还有个特点是吃很多。这个特点导致的必然结局就是，他也拉很多。他养成了一个奇异的习惯，儿童男厕一共6个蹲坑儿，每个蹲坑儿，他都会努力去撇上一条。发现这件事的是幼儿园的一个司机阿舅，6条屎事件火速传遍全园。老师找小胖子，让他谈一下这么干的原因，小胖子亮出他唐氏综合征儿童特有的无辜笑容，“嘿嘿。”

…………

这篇文章的选材多么独到，细节多么精彩呀。文中的小胖子为什么让人过目不忘呢？关键是作者在选材方面使用了陌生的、独一无二的材料。

平时写作文时，许多同学喜欢选司空见惯的材料。比如，写妈妈，总是“半夜生病了，妈妈赶紧把我送往医院”。这就是典型的“熟料”写作思维。

还有一些同学喜欢用比较陌生的材料，即“生料”。

写作中，需要用一些独一无二的材料。比如，“六条屎事件”就是一个“猛料”。“猛料”一用，文章马上就不一般了。

写文章，“熟料”要少用，“生料”要多用，“猛料”偶尔用。

你看，这就是“东拉西扯”，就是把生活当中形象的鲜活事物跟作文扯上边。作文赏评课就是要把更多的信息引入课堂，让学生觉得好玩，有意思，有新鲜感。

比如，写“一个印象深刻的人”，我用网络歌曲《妈妈之歌》展现妈妈“唠叨”的魅力：

快起来，快起来，快点别迟到。

快点洗，快点刷，快点梳个头。

快点穿，快点穿，快点别磨蹭。

…………

学生听了后，学着用自己妈妈的语言表现出“快妈妈”的特点：

清早，每当我的闹钟发出第一声闹铃时，“快”字就包围了我：“快把闹钟关掉！”“快洗脸刷牙！”“快去吃早餐！”“快走！快上车！”

晚上，我一踏进家门，“快”字又来干扰我了：

“快去写作业！”——作业写完了——“快去弹钢琴！”——钢琴弹完了——“快去跳绳！”——跳完了300下——“快来吃饭！”——吃完了饭——“快去做奥数！”就连我上厕所，她也会说：“快去上厕所，上完厕所去冲个凉……”

整篇文章都用妈妈的语气来写，非常棒！堪称史上超牛“快妈妈”。

五、动笔修改，妙法连连

在作文赏评的过程中，师生至少有两次动笔修改的机会，一次是大家集体来改，还有一次是自己改。

1. 现场表演，活学活用

比方说这篇文章：

妹妹那张能说会道的嘴，终于说服了妈妈。妈妈拗不过她，只好买了下来。回家路上，妹妹穿着那件小裙子，高高地昂着头，专门走人多的地方，好炫耀炫耀。

妹妹那张能说会道的嘴巴是怎样说服妈妈的？她会说什么？需要展开来写。可以通过现场表演的方式，教师演妈妈，学生演妹妹，并把表演的内容写下来。

2. 删繁就简，简明扼要

有时候学生的作文开头非常绕。像这个开头，可以删改成这样：

~~在世界上，每一个人都有特点，比如，有的人聪慧，有的人表里不~~

一，有的人心灵手巧，有的人仔细，有的人……在我们班上，就有一位刀子嘴、豆腐心的老师。

她就是我们班的副班主任是查老师。查老师个子较矮，戴一副眼镜，小耳朵。查老师同时也是一位刀子嘴、豆腐心的老师。你知道我为什么说查老师是刀子嘴、豆腐心的老师吗？接下来，你就知道为什么了。

把这么多内容现场删给学生看，并问学生，他们的作文开头有没有出现很绕的现象，如果有，请删掉。

3. 自我鉴定，其乐无穷

上作文赏评课时，我们可以出一份自我鉴定表（如“形形色色的人”中的“自我对话”），让学生自己去诊断。

“形形色色的人”中的“自我对话”

① 我的文章做到真实、通顺、简洁了吗？有没有编造事实？有没有雷人语句？有没有绕来绕去？

② 我有没有让主人公张开嘴巴说自己的话？

③ 我有没有集中写人物某一方面的特点？有没有展开来写一两件事？

下　编

做自己的课程设计师

第八讲
做自己的课程设计师

这一讲的主题是“做自己的课程设计师”。我先以自己的课程为例，谈谈一线教师如何做微课程，然后邀请一位一线优秀教师做课程分享。

一、教师的课程是生长出来的

以我的电影课程为例。我从 2004 年开始做电影课程，到 2022 年，已经做了 18 年。最初并非有意为之，我只是觉得看电影好玩儿，用电影上作文课比较容易而已。当然，这也和我非常喜欢看电影有关。遇到好电影，我就会时不时地上一节与电影有关的作文课。就这样，做电影课程 14 年后，我居然写了一本书，叫《光影中的创意写作——46 节电影作文课》。

回顾我做电影课程的经历，大致有四个阶段，如图 8-1 所示。

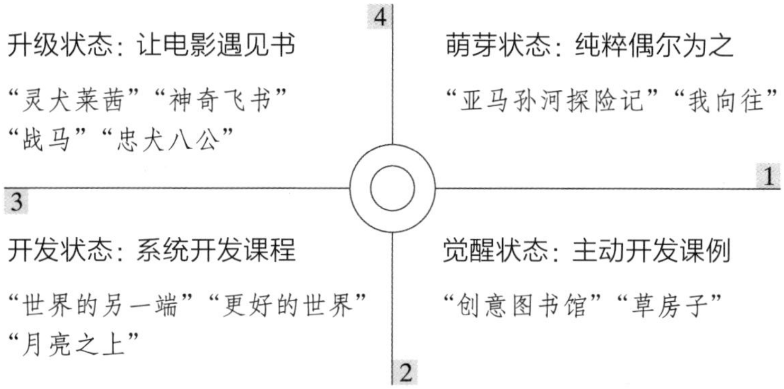

图 8-1　我的电影课程四阶段

第一阶段，萌芽状态，纯粹偶尔为之。有一次，因为要备一节想象作文课，我一时半刻备不出来，索性看一部电影放松一下。我正好看了《冲出亚马逊》，突然觉得这部电影的内容可以用在作文课上。于是，我截取了军人与鳄鱼搏斗的场景，开发了一节电影写作课“亚马孙河探险记”。结果学生很喜欢，作文课的效果特别好。当时我就觉得，教师以电影为素材来上作文课，可以教得很轻松。

第二阶段，觉醒状态，主动开发课例。接下来，我开始有意识地投入电影写作课的开发中，专注于研究，其乐无穷。最多的时候，我一个学期可以上 7—8 节电影写作课。

第三阶段，开发状态，系统开发课程。2011 年，《义务教育语文课程标准：2011 年版》颁布，其中提到“努力建设开放而有活力的语文课程”。影视资源是重要的语文教学资源。于是，我的电影课程进入系统开发状态。

第四阶段，升级状态，让电影遇见书。近几年，整本书共读教学兴起。我发现，电影可以跟整本书共读教学结合在一起。于是，我开发了一系列“让电影遇见书”的相关课例。至此，我的电影课程进入第四阶段。

也许你会纳闷，一线教师可以做课程？

其实，很多时候，我们把课程想得太神秘了。课程是什么？课程就是人在跑道上奔跑的全过程，以及奔跑过后变化了的人。干国祥老师的这一观点，形象生动而又深刻地阐释了课程对于学生成长的重要意义。原来，我们以为围绕一定的目标，安排适切的内容，分步骤实施、评价，系统地去开发一些课例，才叫课程。其实，教师的课程应该属于广义的课程。

教师的课程，起初或许只是一株小苗，或许只是一次尝试，根本谈不上是课程。但是，当我们系统梳理、系统思考、系统规划、系统实践之后，就会发现，属于我们的微课程，渐渐地有了雏形，它们正悄然生长，初具规模。

根据我的实践经验，我认为，教师开发课程有两个过程：自下而上和自上而下。一线教师做课程，往往是先自下而上。也就是先做起来再说，不要想得太多，等做到一定规模，再开始更精准地定位目标，使课与课之间建立必要的联系。接着，进一步思考，内容可以怎样优化，课程时间从哪里来，具体怎么实施，怎么评价等。这时候，再自上而下，从顶层设计开始做整体规划。做课程，不要试图一开始就有完美的顶层设计。先自下而上，再自上而下，上下相遇，融会贯通，这是一线教师课程建设的可行路径。

在做课程的过程中，顶层设计很重要，课程理念、课程目标、课程内容、课程实施、课程评价，缺一不可。具体怎么操作，大家可以参考一些一线教师的成功案例。

二、一线教师的课程既是生长出来的，也是规划出来的

还是以我的电影课程为例。2011 年，我开始思考，电影课程的教学目标究竟是什么？我把电影课程的教学目标分为三个维度，如表 8－1 所示。

表 8-1　小学中高年级电影课程的教学目标

目标维度	目标设定
艺术目标	1. 初识角色、剪辑、镜头、特写等电影基础语言 2. 初步了解电影与音乐、舞蹈、建筑、绘画、雕塑之间的关联 3. 初步了解电影发展历史
读写目标	1. 借助电影画面，让学生初步学会分镜头定格法 2. 借助特写镜头，让学生尝试以特写镜头开头的写作方法 3. 借助电影倒叙的方法，让学生学会倒叙的写作手法 4. 初步学会海报设计、一句话（或一段话）影评写作 5. 借助电影技法，让学生掌握插叙、倒叙、借景抒情的写作手法
情感目标	1. 喜欢看电影，乐意欣赏高雅的动画电影、儿童电影和合适的纪录片 2. 主动养成尝试将电影和书对比欣赏，发现两者异同的好习惯，逐步形成良好的审美情趣

首先，精准设定艺术目标。一是初识角色、剪辑、镜头、特写等电影基础语言；二是初步了解电影与音乐、舞蹈、建筑、绘画、雕塑之间的关

联；三是初步了解电影的发展历史。其次，精准设定读写目标。学生从电影当中学什么，这是内容目标；学生可能获得怎样的启发，这是方法目标。最后，精准设定情感目标。教师要引导学生产生积极向上的美好的情感体验。

同时，还要对电影课的内容做一个梳理。我的电影课程内容分为三大类型：一是电影欣赏课，二是微电影写作，三是电影遇见书。如表 8-2 所示。

表 8-2　小学中高年级电影课程内容

课程类型	课程内容
电影欣赏课	1. 宫崎骏系列（《龙猫》《天空之城》） 2. 希腊神话系列（《大力神》《特洛依》） 3. 纪录片系列（地球、海洋、历史方面）
微电影写作	1. 头脑风暴与创意写作（“世界的另一端”“畅想图书馆”） 2. 微电影与微写作（“月亮之上”“更好的世界”） 3. 微电影与科幻小说（“亚马孙河探险记”）
电影遇见书	1. 电影与整本书（《草房子》《汤姆·索亚历险记》《仙境之桥》《不老泉》《查理和巧克力工厂》《灵犬莱茜》《好心眼儿巨人》《战马》） 2. 电影与绘本（《父与女》《神奇飞书》《狐狸与我》）

最近三四年，我上了几节电影遇见书系列的课。这些课充满了感动元素，能触动、感染学生。作家、影评人毛尖女士听了我的电影写作课后，激动地写下这样的听课感言：“张祖庆老师是儿童创意写作界的宫崎骏，他把电影世界中一个个魔幻又美丽、神秘又天真的瞬间带到了孩子们面前，然后让他们闭上眼睛重新想象自己、想象人生。谁在童年时接受过这样的语文教育，一生都会很温暖。”

下面，和大家分享一节我的电影遇见书系列的代表性课例——“灵犬莱茜”。我先请学生用两分钟默读故事的开头。

绿桥村的每一个人都知道山姆·凯拉克劳家的莱茜。事实上，完全可以说莱茜是村里最出名的狗——原因有以下三点。

第一，因为村里几乎每一个人都同意，莱茜是他这辈子见过的最好的柯利犬。

…………

绿桥村跟约克郡其他村子一样，村民们识狗、懂狗、爱狗，跟在他们脚边的也有不少出色的狗，但是他们一致认为，要是村里出过比山姆·凯拉克劳的三色柯利犬还要好的狗，那一定是在很久以前他们还没有出生的时候。

然而莱茜在村里这么出名还有一个原因。正如女人们说的："你可以看着它调时间。"

这件事始于好几年前，那时莱茜还是一条聪明冒失的一岁小狗。一天，山姆·凯拉克劳的儿子，乔，兴冲冲地跑回家。

"妈妈，今天出校的时候，你猜谁在那儿等我哪？莱茜！你说它怎么知道我在那儿呢？"

"它一定是闻到了你的味儿，乔。我想不出别的。"

不管是什么原因，第二天莱茜又等在了校门外，然后是第三天。几个星期、几个月、几年过去了，莱茜天天在校门外等着。从小屋窗口张望的女人、主街上站在门边的店主只要看到一条骄傲的黑白金三色皮毛的狗稳健地小步跑过，便会说："一定是三点五十五分了——莱茜过去啦。"

…………

上课的时候，我将课件设置为文字缓缓上移的播放方式，以便学生能细读这些文字。

学生根据获取的信息展开讨论，最后梳理出莱茜在村子里出名的三个原因：

① 莱茜是最好的柯利犬。

② 莱茜很守时。

③ 莱茜代表村民的尊严。

从故事的开头还可以捕捉到一些其他重要信息，主要人物有山姆·凯拉克劳（父亲）、乔（儿子）、路德灵公爵。还有一条线索，就是路德灵公爵想买山姆·凯拉克劳家的狗。

在此基础上，我设计了以下猜测环节：

同学们，《灵犬莱茜》在第一章结束的时候写道：“然而狗是人养的，而人总会受到命运的逼迫。有时候在人生的某个时刻，命运逼得人不得不低下头去，考虑咽下自尊，好让家人吃上面包。”你看到这个结尾，有什么猜测？接下来可能发生什么事？请大家用简单的文字描述一下。

学生第一次猜测，山姆家因突发事件，家里很穷，一家人吃不上饭，狗才被父亲卖给了路德灵公爵。

这条狗被卖给了路德灵公爵。之后，它三次逃回来。第一次钻了窟窿逃回来，第二次从栅栏上方越出来。路德灵公爵震怒之下，把它送到了遥远的苏格兰北部庄园里。可是，这条狗还是要逃出来，踏上了漫漫回家路。在回来的途中，它会遇到哪些困难呢？

我把英格兰和苏格兰的地图播放出来给学生看，让学生进行本课的第二次猜测。

这条狗要去的地方在设得兰群岛，那里地势高寒，空气稀薄，非常寒冷，两地直线距离 400 英里。实际距离至少 1000 英里！ 1000 英里约等于 1609 千米。两地相距非常远！

课堂上，我创设了这样的猜测情境：

这样一条狗，经过复杂的大桥、河湾、湖水、荒野……根据你对狗的了解和这本书的重点信息，以及自己的生活经验，大胆预测：灵犬莱茜从苏格兰北部回到英格兰约克郡绿桥村的一路上，可能会遭遇哪些困难？用两分钟时间来猜测。比方说，可能迷路，你就在笔记本上写“迷路”。

学生猜测的关键词很多：

饥饿　雪崩　洪水　被猎人追捕　迷路
追杀　被人伤害　被淹没　从高山上掉下来
死亡　进入圈套　孤独　折磨……

我请学生把猜测的关键词板书到黑板上。这些词语看起来乱糟糟的，要进行分类。怎么分类呢？有的学生说可以分为大自然和狗，有的说可以分为人、环境和狗。这种分类，就是统整的阅读策略训练。

最后，这条狗经过万水千山的跋涉，终于回到了绿桥村。它身受重伤，非常感人。

我播放莱茜回家的视频：一个大雪纷飞的深夜，灵犬莱茜回到了英格兰绿桥村，经过医生检查，它即将停止心跳……

视频播放完后，我再播放一段日本电影《入殓师》中的大提琴主题曲——一段很伤感的音乐。书中有这样一句话：“乔，整晚整晚看着这条狗，难以入睡。”于是，我让学生当小主人乔，引导学生思考“当你整晚看着自己的爱犬莱茜时，会对它说些什么”。

学生非常动情，与整本书产生深深的共鸣，课堂达到了高潮。通过这样的共情，学生的理解更深入了，他们觉得莱茜是一只伟大的狗。就这样，文字和电影相互感染，水乳交融。

这个系列还有不少课例，如“忠犬八公”“神奇飞书”“战马”“不老泉”等。这些课例都可以将电影与整本书阅读无痕地对接起来。

回望我的电影课程发展脉络，再一次印证了“教师的课程是生长出来的”。

三、做自己的课程设计师与建筑师

教师的课程是生长出来的，并不意味着要放弃自我设计。虽然课程需要慢生长，但适当地规划与有计划地实施，会比自然状态下的慢生长更好。

一线教师要做自己的课程设计师和建筑师，既要设计课程蓝图，又要建筑课程大厦。

这些年，我也在做其他课程。总体来说，我有两大支柱课程：一是“基于统整的创意写作阶梯课程”，二是“基于教材的整本书阅读课程”。简单地说，“基于统整的创意写作阶梯课程”，就是统整课堂内外，统整文本与超文本资源，将童诗、绘本、整本书、电影等元素，较好地整合在一起，让“创意”成为写作课的本质特征，开发系列课程；“基于教材的整本书阅读课程”，是以教材单元为基点，以单元大任务驱动为核心，建构单元学习资源，尝试单元统整教学的实践。这两个课程，具体会在后面几讲展开。

其实，教师做课程，是有相对清晰的流程与路径的。结合十几年来做课程的经历，我做了这样的梳理，如图 8-2 所示。

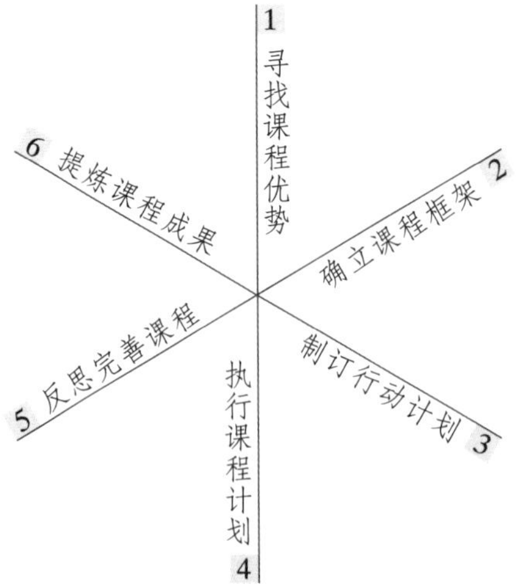

图 8-2　课程设计流程

第一步：寻找课程优势。怎么寻找自己的课程优势？可以多问自己几个问题：我的兴趣爱好在哪里，学校的课程特色是什么？如果能把自己的兴趣爱好与学校的课程特色联系起来，那就更好了。如果自己的兴趣爱好不能与学校的课程特色相结合，那就只能从自己的兴趣爱好出发去寻找适合自己的课程。只有喜欢，才能做好，否则会做得很痛苦，就像明明不爱一个人，却要和他结婚一样。此外，还可以看看自己所生活的城市和社区能提供什么资源，家长和朋友能给课程提供什么样的支持。这样一盘点，我们就会发现做课程的方向在哪里。所以，找不到做课程的方向，不要着急，多问几个问题，看看别人在做什么，慢慢地盘点自己的优势，就会找到前进的方向。

第二步：确定课程框架。做课程要有基本框架，要做顶层设计。我们要思考课程目标是什么，内容怎样开发，如何去实施（时间、途径等），成果怎样评价。

第三步：制订行动计划。整个课程分几年实施，分为哪几个阶段，每个阶段的重点是什么，要把大致的过程写出来。为什么要制订行动计划？因为做课程，只有大的框架还不够，还得把框架转化为可以操作的行动计划。打个比方，造房子前先要做一个整体的设计，这个相当于建造图纸，而计划则是具体的施工或后期装修图纸。每个月、每周要做什么，需要什么材料，做到什么程度，成果如何呈现，需要哪些人参与，需要多少经费支持等，都要在行动计划中写出来。

第四步：执行课程计划。从计划到实施的关键，就是行动。行动要雷厉风行，要扎扎实实。在做课程的过程中，不仅要一件一件地落实下去，而且要注意积累真实的第一手资料。教师的教案、反思、案例、活动方案、相关照片……都非常重要。此外，要注意记录并积累学生参与的过程性资料和学习成果，这个也非常重要。

第五步：反思完善课程。课程需要边做边完善，要不断地通过实践调整规划，让课程实施更加理性、科学。现实与理想之间肯定是有差距的，在执行过程中，课程实施不符合实际情况的，或偏离轨道的，要及时止损，做出调整。一切要从实际出发，努力让整个课程实施稳妥地抵达愿景。即便走了弯路，也要如实记录。有时候，走弯路的经验，像光鲜的成果一样有价值。

第六步：提炼课程成果。做了几年课程之后，我们要努力地去提炼它。提炼成果，最根本的还是为了更好地指导我们今后的日常教育教学。提炼成果的方式很多，在微信公众号上分享、在报刊上发表、以专著的形式出版……选择哪一种方式，要看课程本身的样态，只要合适就好。

总而言之，教师做课程并不难。基础不是问题，条件不是问题，水平也不是问题。关键是要有信念，有热情。有信念，哪怕没有翅膀，也可逆风飞翔；有热情，只要向上起跳，就会靠近阳光。

一线教师，要大胆规划属于自己的课程。成功的路有千万条，我们既可以在公开课舞台上光彩熠熠，也可以写论文成就自己，还可以经营好班级，成为出色的班主任……而做属于自己的小课程，很可能是见效较慢的，但也许是比较容易成功的。

只要耐得住寂寞，静得下心来，持续朝一个方向走，也许就会有更大的收获，就像图画书《犟龟》里的那只小乌龟一样，“只要坚持，一步一步总能走到的”。

课程建设的路上，我们要像树一样活着。一世专注，便是动人；一生坚守，便是深邃。专注于课程，成为大树，是我们共同的信念和姿态！

四、教师开发课程的基本策略与路径

最后一个板块，我们来谈谈教师如何开发自己的课程。我参考了干国祥、诸向阳等老师的课程开发策略研究，结合自己的课程实践，对教师开发课程的策略与路径，做了如下梳理，如图 8-3 所示。

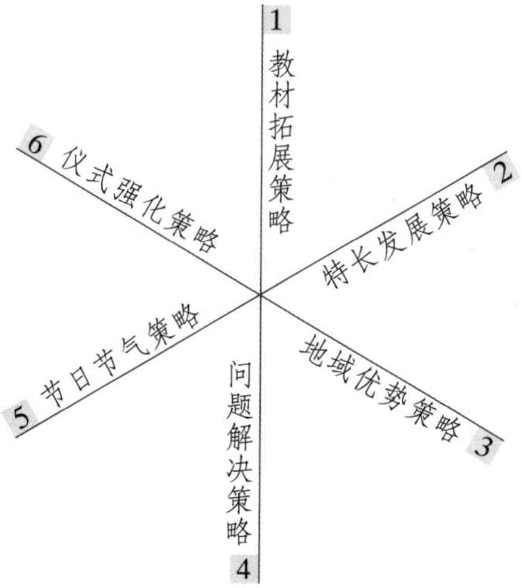

图 8-3　微课程建设策略

下面展开细说。

第一，教材拓展策略。教师开发课程，既可能需要一周、两周，也可能需要一年、两年，甚至更长时间，一切根据实际情况来调整。比如，统编版教材五年级下册有一个单元，主题是与童年有关的，其中有《祖父的园子》等课文，那么，我们就可以做一个历时一周的"小学生萧红阅读周"迷你课程。让学生用一周时间，阅读钱理群主编的《小学生萧红读本》。教师让学生每天在家细读一个章节，简单批注，选择自己喜欢的文章，大声朗读，说说为什么喜欢这篇文章。第二天，组织学生交流。学生读读喜欢的段落，分享精彩的批注，分享独特的阅读发现。在萧红的文字里浸泡五天之后，让学生双休日回家模仿写作。结果发现，学生的作品很有萧红的味道，阳光、自由、率性。就这样，细读、批注、分享、仿写，虽然简简单单，但是由于学生浸泡在高品质的文字里，语言水平在潜移默化中就得到了提升。类似的名家阅读周，可以做一系列。叶圣陶阅读周、冰心阅读周、丰子恺阅读周、巴金阅读周、老舍阅读周、冯骥才阅读周、汪曾祺阅读周、沈从文阅读周、鲁迅阅读周、马克·吐温阅读周……这就是教材拓展策略。这种策略基于教材，超越教材，让课程紧跟着教材走。

第二，特长发展策略。这里的特长发展，既可以指发展学生的特长，也可以指发展教师的特长。总之，只要把特长发挥出来，做出有意思的课程，就会让人眼前一亮。比如，如果教师自己喜欢越剧，就可以做“越剧与古诗”课程。将古诗用越剧吟唱出来，或带着学生把古诗改写成唱词，用熟悉的韵律唱出来。这样的课程很有意思。特级教师何夏寿先生，就是这方面的杰出践行者。有的教师喜欢研究楹联、对课，就可以广泛收集古今楹联、对课的书，带领学生对对子。上海的丁慈矿老师，就把对课做到了极致。喜欢灯谜，可以做灯谜课程；喜欢古文，可以做小古文课程；喜欢歇后语，可以做歇后语课程；喜欢《西游记》，可以做西游记与妖怪课程；喜欢神话，可以做神话课程；喜欢诗歌，可以做诗歌课程；喜欢电影，可以做电影课程……把兴趣爱好和课程结合起来，是多么幸福的一件事儿！

第三，地域优势策略。不同的地域，有不同的文化优势。教师做课程，要善于借势，巧用天时，让课程根植于一方热土。这样的课程既能充分挖掘地域文化，又能解决课程资源问题。地方政府、学校和家长都会支持。比如，我们正在做的“名家笔下的中国老城市”系列丛书，用的就是这个策略。我们选择了北京、上海、武汉、重庆、广州、杭州、南京、西安、成都、洛阳、开封、青岛等20个有深厚文化底蕴的城市，选编古今（甚至中外）名家对这座城市的描写，把这些文字编成《名家笔下的老北京》《名家笔下的老上海》《名家笔下的老武汉》……举凡历史沿革、传说掌故、诗词歌赋、风土人情、儿歌童谣、美食小吃等，按主题群文的方式，精心编写。同时，我们倡导将纸质阅读和城市研学结合起来，带领学生深入阅读一座座城市。这样的课程建设，就是典型的发挥地域优势。杭州的老师，带着学生研究西湖；南京的老师，带着学生逛逛夫子庙；西安的老师，带着学生端详兵马俑；北京的老师，带着学生考察古长城……多么有意思。当然，没有条件的老师，可以带着学生做更小一点的课程。无锡的学生可以做“梅花三弄”课程，北京的学生可以做“胡同”“四合院”课程，安吉的学生可以做“竹”课程，宁夏的学生可以做“枸杞”课程……总之，教师要充分利用好地域课程资源。

第四，问题解决策略。我们不要为了做课程而做课程，而要从真实的问题情境出发，为了解决问题而开设课程。比如，一年级小学生刚入学，尚没有建立对学校的感情，缺失规则意识，我们可以在第一周开设入学课程，通过《大卫上学去》《魔法亲亲》《我讨厌书》《7只老鼠去上学》《小魔怪要上学》《最重要的事》等系列绘本，渗透规则教育，培养学生热爱学校的情感，把入学课程做得润物无声。再比如，低年级学生需要进行自我认知教育，那么，我们可以借助自我认知系列绘本，开设“我爱自己”课程。绘本《自己的颜色》《没有耳朵的兔子》《生气的亚瑟》《我好担心》《最珍贵的宝藏》《萨琪有没有小鸡鸡》《小绿狼》《我不知道我是谁》《小猪变形记》等都是很好的素材。中年级学生开始自我觉醒，容易暴躁，可以开设“我的情绪我做主”系列课程，《我不再害怕》《菲菲生气了——非常、非常的生气》《陷入困境的克莱奥》《走过那条宽宽的河》《两列小火车》《生气汤》《冬日午后》《让我安静五分钟》等都是很好的绘本读物，还可以结合《头脑特工队》这部动画电影，让学生在绘本阅读和观影的过程中，学会自我调节与情绪管理。

第五，节日节气策略。我们还可以结合特定的节日节气做课程。比如，中国的传统节日有春节、元宵节、清明节、端午节、中秋节、重阳节……这些节日有浓厚的文化气息，教师可以带着学生吟诵古诗词、收集传说掌故、探究文化内涵。也可以让学生围绕二十四节气来做课程，关注物候变化，画出节气风物，研究农谚歌谣，诵读古今诗词，考察相关习俗，编写手抄小报……节气课程可做的事儿非常多。只要深入下去，可以做出很精彩的课程来。有关二十四节气的书籍，可以参考的有《时间之书：余世存说二十四节气》《这就是二十四节气》《二十四节气》《时光映画：镜头中的二十四节气》《时光印痕：唐诗宋词中的节气之美》《微读节气》《一本书读懂二十四节气知识》《二十四节气知识》《光阴：中国人的节气》《花之绘：二十四节气花卉的自然之美》。

第六，仪式强化策略。仪式有时候是需要强化的。庄严而有新意的仪式教育，会让学生记忆一辈子。尤其是人生关键节点的仪式，可能会成为人生路上的里程碑。开笔礼、十岁成长礼、毕业典礼，都可以做得非常有意思。比如四年级可以做“十岁那年”课程，毕业班可以做“杨柳与送别”课程，这些都是很好的仪式课程。“十岁那年”课程，教师可以尝试以统编教材整本书阅读为依托，根据学生身心发展的契合点和连接点，以《十岁那年》《一百条裙子》《会跳舞的小星星》《米兰的秘密花园》为阅读材料，带着学生开展“十岁那年”主题群书阅读，提升阅读素养，丰盈精神生活，促进生命成长；同时，让学生书写属于自己的《十岁那年》，仿照诗歌，书写生命；结业典礼时，把爸爸妈妈请到学校，举行别开生面的“十岁成长礼”。六年级“杨柳与送别”课程，教师可以让毕业班学生围绕“杨柳”这一意象与“送别”这一主题，到《诗经》中，到唐诗、宋词、元曲中去寻找关于杨柳的语句，感受其中的依依惜别之情。在一个月的时间里，学生阅读了近百首跟杨柳有关的古诗词，感受到古人的惜别深情。这样的课程，有文化温度和现实意义；这样的课程，将会长久地留存在学生的记忆里。B.A.苏霍姆林斯基的《帕夫雷什中学》一书中，有很多有趣的诗意的节日与仪式课程，有兴趣的老师，可以找来读读，一定会让你脑洞大开。

当然，课程开发策略与路径，绝不只是这些。每位教师都可以因地制宜、因人制宜，开发出适合学生发展的、五彩缤纷的奇妙课程。

学员分享课程

分享人：路文静老师

苏东坡是我非常喜欢的中国古代文人之一。但是，把他的诗词作为课程，并结合林语堂的《苏东坡传》给五年级的小学生讲课，对我来说，是巨大的挑战。感谢亦师亦友的常丽华老师，她的指引和信任让我有了试一试的勇气。感谢当年的孩子和家长们，他们的热爱和支持让我充满了信心。

课程目标

1. 吟诵苏轼诗词。初步掌握诗词的鉴赏方法，对比了解苏轼的词的种类及历史地位。以苏轼为突破口，进而探究宋朝其他著名词人的作品，揣摩宋词的意味，感受中国诗词的美好。

2. 了解苏轼其人。共读《苏东坡传》等图书，通过创意写作、演讲比赛、观看电影、剧本表演、美食汇展、结束庆典、暑期游学等多元化学习形式，深入苏轼的灵魂，映照学生自身的成长。

课程构建图

一、生平
1. 人生大事记
2. 东坡旅行图
3. 东坡朋友圈
4. 东坡夏令营

二、诗词
1. 诵东坡诗词
2. 讲东坡故事
3. 演东坡剧本
4. 写东坡文章

三、延伸
1. 宋词课程
2. 东坡美食汇

四、评价
1. 诗词吟诵比赛
2. 微信公众号出版合集
3. 仪式结束

课程实施

第一模块：生平

开启“走近苏东坡”课程之前，我做足了准备工作。首先，开展寒假“中国诗词大会”的全班总动员，不仅是学生，家长们也自觉地加入共学诗词的行列中。其次，通过微信群和公众号，把我写的东坡诗词鉴赏文章持续地发布出去，课前浸润学生。最后，在开学第一课隆重地推出苏东坡。

每学一首东坡诗词，我都要写一段或短或长的文字，也指导学生写鉴赏文字。从最简单的诗词改文，到糅合了自身感悟的东坡日记；从关于东坡与朋友们的幽默故事，到创作东坡剧本，再到上台演讲《我眼中的苏东坡》《东坡的朋友圈》。用文字表达，承载学生独特的思考；用戏剧表演，体验东坡的丰富人生……这是跨越千年的对话，这是学生与东坡精神的活泼泼的碰撞。当然，课程不仅有创意写作和表演，更有生动有趣的合作探究——全班“头脑风暴”，小组合作学习，绘制东坡旅行路线图。我只提供网上搜索到的一张图而已，学生却绘出了创意——人物经历图、鱼骨图、树形图。成果汇报中，学生把东坡游历的名胜古迹有创意地展示出来，教师引导学生发现规律——东坡游历的名胜，有的是自古就有的自然景观，有的是有历史传承的人文景观；有的是东坡的游学景观，有的是他贬谪生涯中的游历景观。

课程还可以更贴近大地。比如，组织苏东坡暑假游学夏令营，“踏着东坡的足印”，一个一个地拜访东坡走过的地方，在东坡写作的现场，说东坡故事，吟东坡诗词，这是何等的潇洒快意，又将会有怎样的灵魂共鸣？

第二模块：诗词

以吟诵东坡诗词为例，将每天早上的晨诵课作为阵地，我把每首诗的学习目标明确地告诉学生。基本的学习流程是：1. 吟诵诗词，了解背景；2. 赏析诗词，掌握诗意；3. 对比批注，练习写作。

对比学词是一种好方法，能锻炼学生的思辨能力。学完苏东坡的《江城子·密州出猎》，我会补充晏几道的《满庭芳·南苑吹花》，让学生思考：二人有什么共同点、不同点；由人及词，由词及书，你有什么感悟；对照自己的生活，你又有什么新的感悟？

学习诗词的过程中，关于东坡的书也可以同时读起来。我给学生朗读刘小川的《品中国文人②》，把苏东坡卷、辛弃疾卷都读一部分，引导学生多方位查找资料。结合午读，开启《苏东坡传》的师生共读。这本书读起来有一定难度，第一周，教师要和学生就一些关键问题进行探讨，例如：初读《苏东坡传》，你对东坡有哪些了解？你觉得东坡的童年生活如何？壮年时代的东坡给你留下了怎样的印象？东坡与弟弟子由的关系如何？……随着对这些问题的深入讨论，一个鲜活生动的苏东坡就站在了我们面前。

我提倡亲子共读。共读中的问题探讨，先在家中提前预演，让学生讲给家长听，以降低第二天学生发言的难度。这样的阅读激发了不少家长读书的热情，拉近了亲子关系，获得意想不到的效果。

第三模块：延伸

以东坡诗词为突破口，使其延伸成为宋词课程，让学生探究更多的词人。当然，这还只是设想，除了辛弃疾、李清照、晏殊，其他词人的相关资料我收集的比较少。

第四模块：评价

这个模块的构建还不够明朗。希望能得到各位老师的指导。

路文静老师做的人文探究课程，围绕苏东坡这个人，从东坡事略、东坡诗文、东坡美食、东坡朋友圈等几个维度切入，深度解读苏东坡。同时还把传记阅读与游学整合在一起，是一个很有深度和创意的课程。我对路老师的这个课程有两条建议。第一，尽快把评价体系建构起来。路老师可以从学生诗词背诵数量、苏东坡传记阅读、苏东坡美食烹饪、苏东坡故事讲述等维度，考查学生各方面的能力，评价学生的学习成果。第二，这个课题还可以深化。路老师可以带领学生把中国古代的文人，一个一个地研究下去。辛弃疾、陆游、李清照、白居易、杜甫、屈原……一个名人就是一本大书，值得研究。推荐大家关注韦力的《觅诗记》《觅词记》，他的书可以帮助教师较好地完成课程。

教师既要做自己的课程设计师，用心设计自己的课程，又要做自己的课程建筑师，用心建筑自己的课程。如何建筑？接下来的几讲，我将重点回应这个问题。

第九讲
整本书共读的应为与可为

这一讲的主题是整本书共读。我将从整本书共读的必要性讲起，谈谈整本书共读时教师的应为与可为。

一、整本书共读的必要性

先跟大家说说整本书共读的必要性。

先从台湾的林文宝先生说起。台湾台东大学儿童文学研究所名誉教授林文宝先生，是我敬重的长者。林先生博览群书，古道热肠，敢讲真话。很多老师称林先生为“阿宝”，这一称呼是对先生伯伯般形象和学术地位的认同——我国语文界的“国宝”。这些年，阿宝老师不辞辛劳，四处奔走，为推广儿童阅读呕心沥血，让人肃然起敬。

阿宝老师在多个场合说过，过度用力是教育灾难的开始。我非常认同，如果方向错了，力道用得越足，反而离真正的教育越远。阿宝老师举例说，当前很多学校热衷于“整本书共读”，就是教师用力过度的行为。他认为，课外阅读是个性化的事，学生应该读自己喜欢的书，教师不必强迫学生共同阅读一本书。阿宝老师还以美国为例，进一步阐释自己的观点，认同美国等西方发达国家从来不要求学生共读一本书的做法。

在“整本书共读”的必要性方面，我不认同阿宝老师的观点。我想从以下几个维度，和阿宝老师商榷。

1. 作为课程目标与内容的阅读

《义务教育语文课程标准：2022 年版》提倡“多读书，好读书，读好书，读整本的书”。这里的阅读，既有自由阅读，也有共同阅读。过去，我们把学生的大量阅读界定为“课外阅读”，很大程度上取决于学生的自觉程度和家长的监督力度。当下，大部分学生课余时间受到各种电玩、游戏的干扰，自觉阅读是一种“想起来很美”的乌托邦。在这样的阅读背景下，“课外阅读”很可能成为“梦幻泡影”。而作为语文教师，有两种选择：一是效仿外国的教师，把学生带到图书馆，放羊式阅读；二是精心选择书目，师生共读，在共读中培养阅读方法，训练阅读策略。从当前我国大部分小学的图书馆条件来看，目前教师带领学生进入图书馆自由阅读还是一种理想状态；学生在教师的带领下共读一本书，则是比较靠谱的选择。

2. 共读对人成长价值的审思

韩国法顶禅师在《活在时间之外》一书中，有一段耐人寻味的话：“人不是从母体中出来就成为人了。那时只有动物的年龄，却没有人之为人的精神年龄。必须经历某种相遇，人才能形成并成长。这个相遇既可以是人与人的相遇，也可以是人与书的相遇，或者是人与思想的相遇。相遇也就意味着睁开眼睛。于是，以前从未显现的世界敞开了，生命的枝干拔地而起。”整本书共读，就是教师、家长、学生、作者、编者共同体验当下与奔赴未来的美好相遇。在这样的相遇中，大家共同沉浸在书中，通过不断阅读、阐释、碰撞，编织共同的语言密码和精神密码。人因经历、经验、理解力不同，对同一本书的理解也不尽相同。不同的人读同一本书，通过分享各自的阅读感受，极大地丰富了书的内涵。

3. 阅读策略是需要系统训练的

过去，我们认为，只要学生愿意读书，就一定能学会读书。就像我的游泳是自学的，小时候，没人管我，我长期泡在水里，自然而然地就学会了游泳。但是，后来我发现，因为缺乏正确系统的训练，我的游泳姿势是错误的，长大后，再去纠正就难了。阅读也是如此。我们虽然鼓励学生自由阅读，但他们也要接受科学的训练。

长期以来，我国阅读教学的主流理论是叶圣陶先生的观点，“就教学而言，精读是主体，略读只是补充；但是就效果而言，精读是准备，略读才是应用”。叶老的观点当然没错。但是有时候，我们会发现精读课上学到的方法，在略读课上或者课外自主阅读的时候，没有办法用。温儒敏教授曾说，“要将精读和略读的区分度加大，略读不只是比精读简单，而是承担精读未能担负的那些功能，比如试验和练习浏览、检视、快读、猜读，等等”。可见，训练学生的阅读能力，光靠课本上的几篇课文，是远远不够的。学生还得在教师的指导下，通过大量的阅读实践，有意识地训练常用的阅读策略：预测策略、统整策略、找重点策略、连接策略、图像化策略、对比策略、启动先备知识策略、自询策略、重读策略等。这种训练主要靠班级授课制，在共读一本书的过程中展开。从这个意义上说，师生共读一本书，是培养学生阅读能力的凭仗和依托。

4. 师生共读并不妨碍自由阅读

师生共读，并不限制学生的个性化阅读。师生共读，好比中式桌餐，大家享用的是相同的美味佳肴。这种享用是根据自己的胃口，有选择性地吃，这不也是一种“自由阅读”吗？师生共读，并没有剥夺与限制学生课外的自主阅读。而且，师生共读中学到的阅读策略与方法，可以在自主阅读的过程中得到实践、巩固，而这种实践，会进一步反哺课内的师生共读。这才是良性循环的阅读生态圈。

师生共读，不仅是必要的，而且是必需的。

二、整本书共读的教师应为

整本书共读，教师可以做三个方面的工作。

1. 创建一间丰饶的阅读教室

环境对一个人的影响是非常大的。阅读也是如此。美国阅读专家斯蒂芬·克拉生在《阅读的力量》一书中指出:“行政当局必须知道，营造一个出版品丰富的环境并非奢侈浪费，而是必需。行政当局应该也很乐意知道，提供一个出版品丰富的环境，可以让教师的一天过得更轻松也更有成效，学生的阅读与语文能力会提升，在日常生活与标准测验中的表现都会更好。”英国当代儿童文学大师艾登·钱伯斯在《打造儿童阅读环境》一书中也提出:“一位深爱阅读的读者，应该知道如何着手去选择他所想要阅读的书籍，知道该如何有效地浏览群书，该如何取得他找不到的图书信息；更应该明白如何建立一个适合自己的馆藏，它可能在公共图书馆里，可能在书店里，可能在班级书库里，甚至可能在好友的书架上。”可见，阅读环境对阅读推广的作用与意义。

作为一线教师，我们无法改变社会或学校的整体阅读环境，但我们可以利用自己的力量打造自己的读写教室。把教室建设得温馨、润泽，其实既是对每一个学生负责，更是对我们生命的呵护与安顿。我带班的时候，总是非常用心地建设教室。我曾在自己班级里多次以建设班级图书银行为载体，创建一间丰饶的阅读教室。

班级图书银行怎么运营呢?

(1) 资金来源。开学第一天，我把学生家长召集起来开家长会，把上一届写得较好的学生作文汇编成一张报纸。我跟家长说:“你们的孩子两个月之后也能写得这么棒，关键靠什么?关键靠读大量的书。书的来源有哪些途径呢?第一个途径是我开书单你们自己买，或请家委会买；第二个途径是你们在网上自由购买；第三个途径是募集图书基金，由班级来打理。”家长们都说第三个途径比较好。很快，我们班募集到 6000 多元钱。因此，我们在两年多的时间里，买了很多书。

(2) 图书来源。我从学校图书馆借一些书，上一届学生留下一些书，班级图书基金买一些书，发动学生捐一些书，这样班级图书就非常丰富了。捐书多的同学，理所当然地当选为班级图书银行的行长。还有一些同学也捐得很多，怎么办呢？副行长多设几个，教师口袋里有的是“官帽”。副行长选了之后，还有同学想当官，怎么办？科幻书门市部经理、小说门市部经理、历史书门市部经理、成长小说门市部经理……专书专柜，专人保管，既把图书银行打理得井井有条，也解决了图书管理的难题。

（3）财富激励。儿童的阅读需要激励。怎么激励？我为每个学生办了一张阅读存折。这张阅读存折，分两部分累积财富。一是存入财富，就是学生把自己从家里带来的书存入班级图书银行，存入几本书，用累计页码除以10，就有几万元阅读币——比如，一位学生给班级捐了10本书，一共累计1200页，他就相当于有120万（计算公式：1200÷10=120）阅读币。二是阅读财富，就是学生借阅图书银行里的书，阅读了多少字数，就获得相应字数的阅读币。比如，一位学生阅读了一本15万字的书，他就获得15万阅读币。这样一来，学生读书的积极性非常高。我们还进行阅读升级挑战：500万，阅读达人；600万，阅读标兵；700万，阅读富翁；800万，阅读富豪；900万，阅读大王；1000万，阅读天王。这样的激励，学生乐此不疲、兴致勃勃。

2. 构建一个合适的阅读书目

儿童阅读，需不需要开列书单？这个问题争论已久。

鲁迅先生曾因不肯为青年开书单和对“外国书”的推崇，受到不少批评。1925年，《京报副刊》进行了关于“青年爱读书”和“青年必读书”的征文，前者请青年回答自己爱读哪十部书，后者则请各界名流为青年推荐十部必读书籍。当时《京报副刊》的编辑正是鲁迅的学生孙伏园。在大批名人纷纷回信，而且已经超过约定截稿日期的情况下，鲁迅交了白卷。他很直白地说：“从来没有留心过，所以现在说不出。”然而，借此机会，鲁迅却又“略说自己的经验，以供若干读者的参考”，然后提出了“要少——或者竟不——看中国书，多看外国书”的观点。虽说不愿意开书单，鲁迅到底还是开了书单。不少文化名流也都为青少年开过书单，如曾国藩、梁启超、胡适等。

也有人旗帜鲜明地反对开书单。其主要理由是阅读是一件私人化的事情，教师尤其不适宜给自己不熟悉的学生开书单。有时，即便是熟悉的学生，也不一定会读教师开的书单。曾有记者在某大学随机采访了几十名大学生，其中大部分大学生表示，没有读过本校校长推荐的图书。

书单，开还是不开？这确实是个问题。对于这个问题，我的态度是“成人视野，儿童立场”。

经济学家汪丁丁教授在“忙碌时代的阅读人生”讲座中提出：“读书有三种姿态：第一，跟着潮流读排行榜上的书——这是最无效的阅读，把宝贵的阅读时间，花在速朽的书籍上，这无异于浪费生命；第二，参考权威、大师的推荐书目，读经过了实践检验的经典之作，这是最为有效的阅读姿态；第三，超越权威，采用怀疑一切、解构一切的读书态度，这种读书，真正成大气候的很少。”在汪教授看来，第二种读书是最为有效的。于我个人而言，很多时候的阅读，我照着他人推荐，按图索骥，能比较快地找到自己所需要的书。这些推荐书目，可以让自己少走弯路。当然，这也要一分为二地看。有些时候，权威、大师推荐的书目，我们不一定读得进去，它还没有进入我们的生命，读起来也没有一点感觉。这个时候，我就要跟着自己的感觉走，读当下能够引起共鸣的书，读能够进入生命的书，让读书这件事变得好玩，而不是痛苦。这是很多人阅读的一条基本经验。成人不喜欢阅读的书，会本能地抵触，儿童就更不用说了。因此，选书的时候，“儿童立场”就非常必要了。教师要广泛调查学生喜欢什么口味的书，甚至可以将往届学生喜欢的书，推荐给下一届学生。

话说回来，从儿童的兴趣出发，并不意味着放弃成人的引导。阿图尔·叔本华在《叔本华美学随笔》一书中说：“坏东西无论如何少读也嫌太多，而好的作品无论怎样多读也嫌太少。劣书是损害我们精神思想的毒药。”“阅读好书的前提条件之一就是不要读坏书，因为生命是短暂的，时间和精力都极其有限。”“没有什么比阅读古老的经典作品更能使我们神清气爽的了。”是的，由于阅历和辨别力所限，有些孩子是缺乏鉴赏力的，他们往往只凭兴趣去阅读，不少低俗的作品，他们也会读得津津有味——

并不是所有的做起来津津有味的事都是好事——比如电子游戏。读一两本品质不好的书，也许对儿童的成长影响不大。但是，一旦我们任由儿童长期阅读低俗的作品，儿童的精神就可能缺钙。

我想，成人的作用，就是引导儿童远离“坏书”，爱上经典。因此，作为一个有责任感的语文教师，如何从学生的阅读兴趣研究入手，在尊重学生的阅读口味的前提下，因势利导，把真正适合学生阅读，且真正能引起学生当下共鸣的好书，介绍给更多的学生，就成为我们责无旁贷的使命。

在实际操作中，我们既要参照专家的推荐书目，又要顾及学生的阅读口味，吸纳学生在自主阅读中发现的好书，不断充实、调整，形成一个专家推荐书目、班级个性化书目和个人私藏书目相结合的阅读生态群。

如果我们不把好的书籍推荐给学生，任由学生的兴趣爱好去选择，那么他们选到的，有可能是比较差的书。

教师推荐阅读书目，需要有开阔的视野，既要始终戴着广角镜，把许多优秀的书扫描出来，又要蹲下来看学生，站在儿童的立场去思考：这本书好不好，学生喜欢吗？

具体怎么做呢？我的经验是参考各大榜单。每年年末或者学期结束时，许多阅读榜单都会在微信上流传。大家可以下载、打印，然后一本一本地比对，你会发现有些书反复出现在不同的榜单上，这些书大抵都是比较优质的。把这些书找出来，逐本阅读。如果一个人来不及读所有的书，就可以邀请同年级的教师，每人读两三本。再挑出易读的、质量比较高的书，找学习能力不同的学生试读。如果学生也觉得这本书好，就可以放心地推荐给所有学生。

我个人认为，班级推荐阅读书目的合适人选就是该班的语文教师，因为语文教师最了解学生的阅读情况。作为一名语文教师，自己也要阅读大量的儿童文学，只有这样，你推荐给学生的书才会靠谱。就像《小马过河》中说的：“光听别人说，不去试试，是不行的。”

3. 打造一门完善的阅读课程

建构一门完善的课程，主要包括四个维度：课程时间、课程内容、课程实施和课程评价。

（1）课程时间。时间怎么落实？教师可以从自己的语文课中，每周抽出一到两节课作为阅读课，排入课表。儿童阅读课程，时间一定要有保证。如果没有量的保证，就难有质的飞跃。

（2）课程内容。教师需要对单元的课文进行统整教学，整合群文阅读和整本书阅读，按照人文线索、能力发展两条主线，串成一个基于教材的大单元阅读框架，如图 9-1 所示。

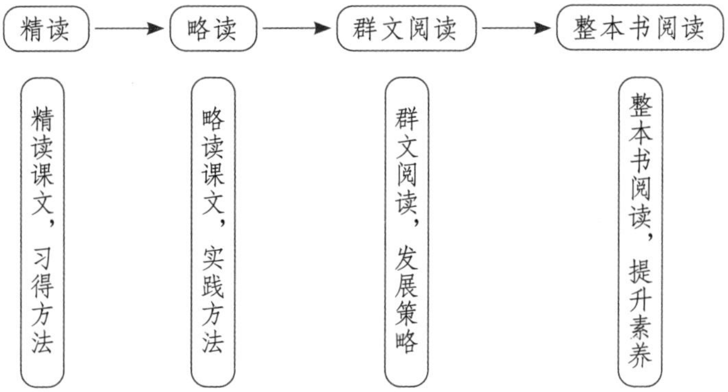

图 9-1　基于教材的大单元阅读框架

比如，原人教版五年级语文教材有一个以童年为主题的单元，我们对教学内容进行了统整处理，如图 9-2 所示。

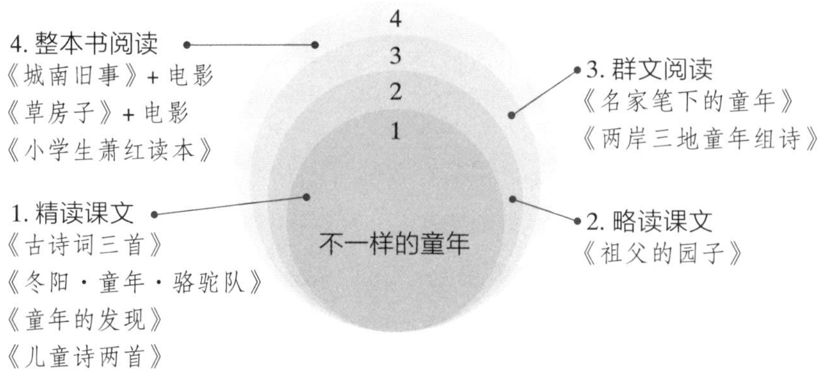

图 9-2　基于教材的大单元教学

这个主题有精读课文四篇，略读课文一篇。

整体的单元大问题，我们可以设计为：

本单元的课文中，既有古人的童年，也有现代人的童年；既有外国人的童年，也有中国人的童年。细细读读这几篇课文，结合老师发给大家的群文阅读资料和图书，请你说说，这些人的童年，你比较羡慕谁的童年？你认为，是你的童年幸福，还是他们的童年幸福？你理想中的童年，应该是怎样的？

（3）课程实施。在课程实施方面，以图 9-2 所示的教学内容为例，可以这样处理：用六课时完成精读课文的教学（《古诗词三首》两课时，《冬阳·童年·骆驼队》两课时，《童年的发现》和《儿童诗两首》各一课时）。《祖父的园子》是略读课文，一课时就可以了。也可以把《祖父的园子》与名家笔下的童年，整合成一节群文阅读课，让学生比较一群作家的童年，谁过得比较有意思，你比较向往谁的童年。同时，进一步思考，自己喜欢哪一篇文章，为什么喜欢这一篇文章。

整本书阅读的导读和分享，可以从《城南旧事》+ 电影、《草房子》+ 电影、《小学生萧红读本》这三个套餐中，任意选择一个。特别强调，三个套餐选一个即可。切忌贪多，贪多往往读不透。

这样的大单元任务群教学，教师认认真真地教了，学生扎扎实实地学了，同时读到三至四篇名家名篇，还读了三本图书。原本一单元课文只有五六千字，现在需要读三十多万字，阅读量扩大了几十倍。

如果每个单元都按照这样的思路去编织学习内容，十二个学期，学生可以多读几千万字的作品，太惊人了！

（4）课程评价。阅读课程怎么评价呢？很多教师会出一些题目给学生做。比如，介绍一下作者，讲一讲书中的细节等。这样是很危险的，容易把课外阅读导向应试的泥沼。我个人认为，阅读评价要将过程性评价和终端个性化考核相结合。也就是说，要看学生的阅读态度、阅读数量及呈现的阅读作品。

比如，确定一本故事情节比较强、对话比较多的书，让学生自选一个章节朗读，以音频的形式交给教师，教师逐个查看是否过关。让学生把某个章节读得绘声绘色，这本身就是一种言语实践。

也可以组织主题征文或者主题手抄报。如果大多数学生都在读《西顿动物故事》，就可以召开一个“西顿野生动物阅读沙龙”，让相关同学坐在一起聊，教师和其他同学观察这些同学的表现，给他们打分。喜欢表演的同学，可以把某些故事改编成剧本，进行戏剧表演。有些同学的综合能力较强，对某一个作家有深度研究，可以开设某一个作家的讲座，如“孔子讲坛”“曹文轩粉丝营”“我眼中的曹操”，等等。

考核要注重表现性评价，不要注重细枝末节。比如，《西游记》里的妖怪共几个？哪些妖怪有后台？哪些妖怪没后台？比如，鲁滨逊在荒岛到底生活了几年？真的没有必要。另外，千万不要考查在网络上能搜索得到的知识点。要考查学生的言语表达、思维深度和综合能力。美国教师雷夫·艾斯奎斯说：“阅读评估可以从标准化的分数开始，但我们最终必须用孩子们阅读时发出多少笑声和留下多少泪水来衡量他们的阅读能力。”诚哉斯言！

整本书阅读教学，能不用来考试，就尽量不要考试。否则，越考越败坏学生的阅读胃口。

三、整本书共读的教师可为

1. 教学中渗透阅读策略

在整本书共读中，教师要努力做一个“有协助能力的大人”，创设良好的读书交流氛围，通过多种形式读书，带着学生穿越一本又一本优秀的童书。教师要在与学生共读的过程中，努力渗透阅读策略。在整个小学阶段，下面几个阅读策略非常重要。

（1）预测。法国哲学家、文学家让-保罗·萨特说过这样一番话：“阅读时，你在预测，也在等待。你预测句子的末尾，预测下一个句子，预测下一页书。你等待它们来证明你的预测是否正确。”预测是非常重要的阅读策略。我们可以从哪些维度训练学生的预测能力呢？

①根据封面或目录预测。比如，《罗伯特的三次报复行动》，通过看题目、看封面，你会产生哪些联想？学生猜测：罗伯特小时候曾经遭人欺负，长大后也许想报复，报复行动实行了三次。这就是看封面预测内文，非常适合三、四年级的孩子。

②根据暗示性语言预测。很多小说在开头或关键语句上埋下伏笔。可以带着学生根据暗示预测：你觉得这本书可能讲什么方面的内容，猜猜接下来会发生什么事情？

③根据阅读和生活经验预测。在《时代广场的蟋蟀》中，蟋蟀柴斯特“赫然发现自己嚼碎的不是一片树叶，而是一张两块钱的钞票，而且已经把其中的一半吃掉了”。可以引导学生联系阅读和生活经验预测：可能有什么事情将会发生？预测，让整本书阅读像破案一样，充满着挑战的乐趣。

（2）找重点。比如，阅读《夏洛的网》，首先让学生阅读人物表，然后分析人物关系：你觉得这个人物表暗示了谁是这本书的主角？学生很快便能找到。你是怎么看出来的呢？因为人物表中，有三个人物的字体是加粗的，字号也大一些。教师要引导学生关注这些细节。这也是抓重点的一种策略。

人物表

约翰·阿拉布尔先生

阿拉布尔太太

艾弗里——阿拉布尔夫妇的儿子，十岁

弗恩——阿拉布尔夫妇的女儿，八岁

霍莫·L·朱克曼先生——弗恩的舅舅

伊迪丝·朱克曼太太——弗恩的舅妈

勒维——朱克曼夫妇的雇工

多里安医生

威尔伯——小猪

夏洛·阿·卡瓦蒂卡——蜘蛛

坦普尔顿——老鼠

有时候，教师可以让学生把一本书的主要角色找出来，然后想一想：这个主要角色和其他角色之间有什么联系？把角色理清楚了，主要内容也就把握了。这个策略还可以在课内阅读中使用。比如，上《穷人》一课时，教师让学生找小说中一共有几个人物？再想一想，桑娜、渔夫、西蒙、西蒙的两个孩子、桑娜的五个孩子，这些穷人中第一主角是谁？然后，在这些主角间划线、勾连，用简要的话把小说梗概讲清楚。

（3）统整。比如，读了《汤姆·索亚历险记》后，让学生围绕“汤姆和伙伴们先后去了哪些地方”“做了什么事”“你希望自己加入哪次历险，精彩指数是多少”梳理故事脉络，如表 9－1 所示。

表 9-1 《汤姆·索亚历险记》阅读统整单

来到哪里				
做了什么				
精彩指数				

填好表格，学生发现：整本书的框架一目了然，自己也连接到书中的情节，对历险中发生的事情感同身受。

有一本非常有意思的书叫《波丽安娜》，讲的是一个父母双亡的孤女来到姨妈那里。姨妈是个很古怪的人，经常会做出让人匪夷所思的事情来，而且这个小镇上有很多古怪的人。波丽安娜是个非常阳光的女孩子。她父亲曾经留下一个快乐游戏：无论遇到什么事情，都往好处想。波丽安娜就是用这个游戏慢慢改变了小镇上很多人，让大家变得快乐、外向、热心、乐观。我们围绕"波丽安娜让小镇上哪些人发生了巨大变化"展开前后对比式统整阅读，梳理整本书的阅读框架，如表 9-2 所示。

表 9-2 《波丽安娜》阅读统整单

人物	变化前	波丽安娜处事秘诀	变化后

（4）连接。连接就是把书中的知识、经验与生活连接起来。学生读完《鲁滨逊漂流记》之后，教师可以提问学生：如果你们三人小队来到荒岛上探险，需要在荒岛上度过半年时间，你会选择哪些探险工具？

选择探险用品

从下列物品中选择三件，你认为哪三件是探险中必不可少的，理由是什么？（也可以自行确定）

指南针	瑞士军刀	手电筒	冲锋枪	哨子	火柴
小帐篷	数码相机	麻醉枪	对讲机	食盐	肥皂

学生回想鲁滨逊漂流到荒岛上独自生存的生活经历，联想到自己曾经遇到的困难、危险以及解决方法等，迁移运用相关知识，挑选合适的探险用品，这就是阅读与生活的连接。

（5）推论。推论就是从文本信息中，细细地阅读，捕捉相关的信息，得出结论。比如，在《夏洛的网》一书中，小猪威尔伯配不配得上蜘蛛夏洛的网上文字？他是一只了不起的光彩照人的王牌猪吗？如图 9-3 所示。

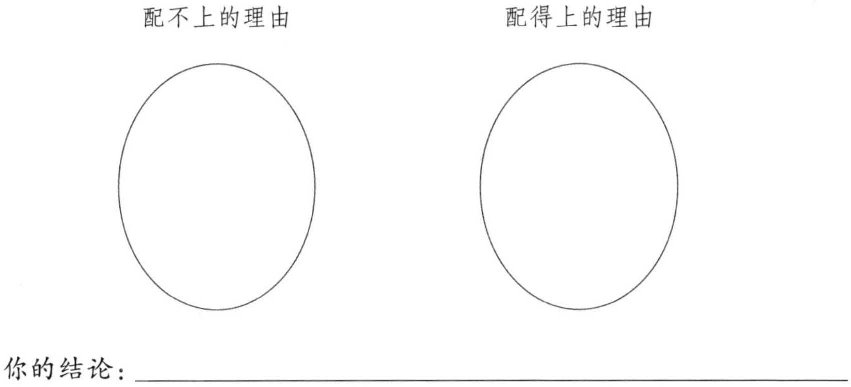

图 9-3　小猪威尔伯与蜘蛛夏洛

（6）比较。让学生对书中的人物、情节、写法等方方面面展开对比，就是比较。比如，读了“米小圈上学记”丛书后，让学生比较书中的男孩女孩，为你心目中的优秀孩子写颁奖词。学生要想写好颁奖词，必须认真阅读一本书，必须认真比较几个孩子，然后写颁奖词。整个过程，其实就是深入阅读的过程，这就是比较阅读。

（7）视觉化。比如，读了《昆虫记》之后，让学生找到一只喜欢的昆虫，根据书中的描写，把它画下来。画得像不像不要紧，画的过程就是深入理解文本的过程。再比如，《忠犬八公》中的哪些段落，你觉得像电影一样，深深地印在你的脑海里？请学生拿起笔，把这个镜头画下来，这就是视觉化。

（8）启动先备知识。让学生在阅读一本书之前，先启动脑子里储存的相关知识，这样便于更好地走进一本书。比如，读《忠犬八公》之前，让学生对日本的樱花文化、武士道精神等知识点进行梳理，启动先备知识。再比如，读《十岁那年》之前，可以让学生对越南战争有大致了解。有了一定的知识储备，就为深入阅读奠定了基础。

（9）摘要策略。就是摘录一些关键词，在字里行间圈圈画画，留下一些关键信息。

此外，还有咨询策略、提问策略、重读策略等。

阅读策略渗透到教学中，不要指望效果立竿见影，要有打持久战的思想准备。要课内课外协调发展，要立足于长期坚持。而且，阅读策略教学要谨防贴标签。教师不要把阅读策略的术语直接告诉学生。因为，告诉学生阅读的方法和术语是毫无用处的。教师应该做到心中有策略，在教学的过程中渗透策略，但要隐去策略。阅读策略教学，要“盐在水中”，而不要“水落盐出”。

2. 布置适时适量的阅读作业

阅读本来是一件很快乐的事情。日本教育家佐藤学先生曾经对课外阅读做了一个精妙的比喻。通过读书行为实现的学习，犹如在葡萄园里品尝葡萄那样的快乐。课外书的一页页，就是“葡萄园”，一行行，就是葡萄房里挂满葡萄的“葡萄棚”，一个个词汇，就是“葡萄”。读书活动就是徜徉于“葡萄园”，品尝一个个熟透了的“葡萄”。这样享用的“葡萄”（词汇）不久发酵，带来恩惠：酿成香醇的“葡萄酒”（丰硕的人生）。

的确，阅读本来是一件很美妙的事情。可是，我们的语文教师常常人为地把阅读搞得面目可憎，导致学生不喜欢阅读。为什么呢？教师常常在学生阅读兴趣还没有养成之前，就布置一些学生非常反感的任务——做读书笔记或写读后感。我们都有这样的体验：无拘无束地读书，是快乐的；但是写读后感，则是一件不那么轻松甚至痛苦的事情。对文字有所感悟，这是第一层次的阅读；将感悟形诸文字，则是更高层次的阅读。因此，大多数人读课外书，是不需要写读后感的——除非他很有感触。大人都不喜欢做的事情，教师却让10来岁的学生去做，这不是很残忍吗？

这样做的结果，只能是让学生反感阅读！一旦学生的阅读兴趣消失了，即使写再多的读书笔记又有何用呢？从某种意义上来说，在阅读兴趣形成之初，就让学生写读书笔记，是对处于阅读兴趣形成期的学生的一种伤害！是的，这是一种美丽的"阅读伤害"。当然，如果学生已经形成了浓厚的阅读兴趣，阅读已经成为他们生活的一部分，那么，适当地让他们把阅读感悟诉诸文字，这不但必要，而且很值得提倡。

也许，你会说，"不动笔墨不读书"。但是让学生动笔墨的形式，不仅仅是单调地写读后感。一线教师要清醒地认识到，任何不利于学生阅读兴趣培养的手段，即使看起来很美，也应该从学生的阅读生活中走开。复杂的文字作业会败坏学生的阅读胃口。做大量的读书笔记或大量的其他项目的书面阅读作业，就如同让学生面对着饕餮大餐，却被告知每吃一口美味，都要写"吃后感"一样，倒人胃口。久而久之，学生的阅读热情就会消退。若如此，我们阅读推广的效果必将大打折扣。

阅读教学需要适当的阅读作业，但以不伤害学生的阅读兴趣为前提。任何让学生讨厌阅读的行为，我们都要坚决摒弃！

3. 处理好博览群书与精耕细作的关系

阅读有时候需要囫囵吞枣，有时候则需要静心思索。就我个人的阅读经验而言，对于一个需要深入研究的作者，我一般都先广泛涉猎，将这个作者的大部分著作找来，浏览一遍，对他有比较全面的认识。之后，再细细地阅读自己认为需要深读的书或章节，有时候甚至拿起笔来做批注——只有留下阅读痕迹，才会促使自己深入思考。朱光潜先生曾说："读书并不在多，最重要的是选得精，读得彻底，与其读十部无关轻重的书，不如以读十部书的时间和精力去读一部真正值得读的书。"

金克木先生在《书读完了》一书中表达了类似的观点，他说："只就书籍而言，总有些书是绝大部分的书的基础，离了这些书，其他书就无所依附，因为书籍和文化一样总是累积起来的。因此，我想，有些不依附其他而为其他所依附的书应当是少不了的必读书或者说必备的知识基础。"

一些学生读课外书的坏习惯是追求速度，讲究数量，忽视质量。所以，我认为，在阅读推广的过程中，教师要在尊重学生的前提下，先鼓励学生大量阅读，在此基础上，再选出几本值得一读再读的"种子之书"，带着学生"有质量地读"——读了这样的书，其他同类型的书就可以少读或不用读了。

当然，这里的"有质量"，不是指理解上的"深度"。当前，学生阅读有一种"过度解读"的倾向。教师设计一个又一个"有深度"的话题，努力把学生的理解牵引到他们这个年龄还不能达到的高度，有的甚至生拉硬拽、生吞活剥。其实，阅读是一辈子的事情，很多书可以伴随一个人一辈子。超越学生年龄的所谓深度阅读，是一种拔苗助长。

台湾作家张晓风曾写过这样一首诗——《安徒生童话：5 岁到 55 岁的亲密话题》，诗中说，"如果有人 5 岁了，还没有倾听过安徒生，那么他的童年少了一段温馨；如果有人 15 岁了，还没有阅读过安徒生，那么他的少年少了一道银灿；如果有人 25 岁了，还没有细味过安徒生，那么他的青年少了一片辉碧；如果有人 35 岁了，还没有了解过安徒生，那么他的壮年少了一种丰饶；如果有人 45 岁了，还没有思索过安徒生，那么他的中年少了一点沉郁；如果有人 55 岁了，还没有复习过安徒生，那么他的晚年少了一份悠远"。这番话很鲜活地阐释了一个观点——文本的意义，是从读者心灵深处生长出来的。心灵有多丰富，文本的意义就有多丰富。其实，不仅仅是安徒生的书，凡是好书，都需要我们用一生去阅读。

年岁尚早，时光还长。阅读这件事，要允许学生慢慢来。遇到好书，教师不必急急忙忙地去开掘“微言大义”，而要让学生多朗读，多涵泳，用优秀儿童读物的高贵气质、优美语言去“驯养”儿童，让学生与“基础的书”、文化含量高的“种子之书”“神合”，并化为自己的血肉。

总之，教师要做一个有心人，带着学生开展全方位的阅读，让班级洋溢着浓浓的书香味。教师要与学生共读共写，编织共同的语言和精神密码。

我们可以做漂书活动，让每个学生带两三本书在班级里漂流，这样学生就可以读到大量的好书。我们还可以参与一些有影响力的网络共读活动。比如，“百班千人”就是很有意思的网络共读平台，教师和学生都可以关注这个平台上的阅读活动。

我们要做一个“自燃”的教师，自己点燃自己，自己照亮自己，用阅读点亮我们的生命，然后照亮每一个学生前方的路。

第十讲
交际语境下的教材作文课程重构

这一讲，我先从我带的城市学校的一届学生和一所乡镇学校的学生结对，进行城乡异地通信说起，再说说交际语境下的作文课程有什么特点，以及这样的课程应该怎样重建。

一、一次城乡异地通信和一次毕业课程设计

1. 有意思的城乡异地通信

我们先来看一张请假条：

请假条

朱老师：

由于我的外婆去世了，明天埋，我想回去陪葬。

×××

老师，当您收到这张请假条时，作为班主任，您是写“同意”，还是写“不同意”呢？学生的外婆去世了，外孙女竟要回去陪葬！这张请假条，让老师哭笑不得。

其实，应用文在生活中起着非常重要的作用。

曾经有一套书，最初书名拟叫“最后的神庙”，在贴吧预售时购买者寥寥无几。营销团队经过分析，设计了一系列创意文案：第一步，重新命名，这套书讲的是西藏的故事，“最后的神庙”太玄，就把书名改为《藏地密码》；第二步，加宣传语，“一部关于西藏的百科全书式小说”；第三步，在图书封面上加上具有西藏特色的符号。重新进行市场定位、设计包装后，这套书竟成了畅销书。是什么让这套书从最初的无人问津，到短时间内成为畅销书？创意文案起着非常关键的作用。

这组创意文案就是应用文。

其实，应用文在生活中的应用非常广泛。求职简介、工作总结、电子邮件、微信、协议书、调查报告、广告词等，都属于应用文。

语文教育界的“三老”——叶圣陶、吕叔湘、张志公——都非常重视应用文教学。叶圣陶说：“写作，最好在实用方面下功夫……为适应生活上的需要而写作。”吕叔湘说：“写作就是作者和读者双方的事情，文章要力求明确、简洁。”张志公说：“……教给他们在写作方面的应变能力，适应今后会产生的各种新的需要的能力。”

其实，教材中的应用文并不少。仔细分析后发现，这些应用文彼此之间的关联度不大。观察日记、调查研究、导游词，它们没有呈现螺旋上升的关系。因此，这就给教学带来难度。学生刚掌握了一种应用文，后面却永远不再出现。学生只能像小猴子掰玉米一样，边学边丢。

怎样把这些零散分布在各册语文教材中的应用文统整在一个真实的写作情境中，让学生在真实的写作情境中学会应用文写作呢？

曾经，在上以“给远方的朋友写信”为主题的习作课时，我对教学内容进行二度开发，构建了“城乡异地通信应用文写作系统”。这个系统包括四大模块。

第一模块，寻找结对班级。结对班级应是异质班级，生活差异越大越好。比如，城市学校与农村学校结对，海洋地区的学校跟高山地区的学校结对，江河地区的学校和草原地区的学校结对。这样的配对才能给学生带来陌生感、新鲜感。陌生感越强，学生的好奇心越强。另外，两所学校要有一定的物理空间，至少有几个小时的车程，否则写信就失去了意义。

第二模块，树立通信规则。通信之前，要跟学生约法三章：不留电话号码和 QQ 号码，不告诉对方性别，不寄照片。这样可以保持神秘感。

2010 年，我来到浙江省台州市天台县平桥镇中心小学（后文简称“平桥镇小”），决定让我带的班级和平桥镇小五（6）班结对。我把我们班级的学生名册发给对方，邀请对方给我们班的同学写信。按学号结对写信，他们班的 1 号同学给我们班的 1 号同学写信，他们班的 36 号同学给我们班的 36 号同学写信。他们班的同学多，而我们班只有 36 个同学。于是，平桥镇小五（6）班 36 号以后的同学，他们喜欢我们班哪个同学的名字，就给哪个同学写信。

第三模块，持续跟进。写头几封信时，学生很有热情，后来热情慢慢消退。怎么办？我设计了异地通信写作菜单，包括规定素材和自选内容。

规定素材有：“告诉你一个真实的我”“我们班的那些明星人物”“老师众生相”“介绍一本非读不可的书”“欢迎到我的家乡来，写写美食、美景”。前三个内容相当于写人，“介绍一本非读不可的书”相当于写读后感，最后一个是美食美景写作。教材作文就这样无痕地融入其中。

至于自选内容，想写什么就写什么。一段时间，有些学生在书信中探讨所阅读的图书中的人物形象，我对他们大加夸赞。于是，在通信中探讨最近读的书，成为风尚。

第四模块，笔友见面仪式。这个模块是整个活动的核心。教师要通盘策划，精心设计，把每一个环节都考虑周到，才能让整个活动完美呈现。（以下这个案例，为了呈现讲述原貌，口语化比较明显，请大家阅读时联系语境加以理解。整个讲解是以讲故事为主，如果改写，就失去其精彩，因此，原文照录，未加改动。）

有一天，一个学生忍不住好奇：“老师，你说与我交流的到底是男孩还是女孩？看名字，好像是女孩的，但有时候女孩子的名字也是长男生样子的。”

很多同学都说："老师，我们组织一次活动吧。"

"在当前安全教育的形势下，组织活动，如果有个万一，张老师是要吃不了兜着走的。"我迟疑着。

"没事，家委会会支持的。"

"你怎么知道家委会会支持呢？"

"我妈是家委会成员。我说服我妈，让她支持我们。"

"你妈觉悟高，可其他家委会成员呢？"

"我有办法，我们班集体给家委会写封信。"

正中下怀！学生终于钻进圈套里了！我有一种心花怒放的感觉。笔友见面仪式前的一系列活动，即"创意应用文训练系统"顺理成章地诞生了。一个多月时间，我们一共完成了以下应用文写作：

① 给家长的一封信	② 活动方案	③ 邀请函
④ 会议通知	⑤ 会议记录	⑥ 活动须知
⑦ 协议书	⑧ 演讲稿	⑨ 互留赠言
⑩ 通讯报道	⑪ 建议书	

先给家委会写信，让家长支持笔友见面活动。大家七嘴八舌地讨论，提炼出笔友见面的五个核心价值：培养策划能力，丰富写作素材，增进友谊，缓解升学压力，沟通亲子情感。

写信时，是不是把五个价值直接连成一句话就可以了？

不行。要把每个价值写成一段具体的话，说服家长。

小组讨论一下，你们组最想把哪个核心价值写成一段话，说服家长，让家长动心。

各小组围绕一个核心价值写好片段。在全班同学的认真评议下，同学们将写得最棒的段落放在第一段，写得第二棒的段落放在结尾。文章头尾一定要写好，这样容易打动家长。

五天后，家委会回信了。最后一句是："如果你们有一套完整的活动方案，我们一定会支持。"

趁着当前的热乎劲儿，我马上组织学生策划活动方案。我把学校的阅读节方案发下去，让学生模仿。学生们写出了非常棒的活动方案。大家选出最佳方案后，请家长一同完善方案。

接着学生学写邀请函，邀请家委会成员参加。然后，有了会议通知、会议记录。

出发之前，同学们写了学生活动须知和家长活动须知。这个活动是交给旅行社的，必须有协议书。于是，我把旅行社的工作人员请来，当着学生的面写好协议书。写好后，学生跟校长签订协议书。学生在协议书中写上：出了任何事情，跟学校和张老师无关。校长说："原则上我不反对，字我就不签了。"

出发前几天，我忽然想到，得有一个学生代表发言呀。于是，我开始引导："这次活动，好多家长都会跟着去，谁愿意代表我们班级发言呢？"学生都举手了："我！我！""举手的同学，不许后悔呀！"我郑重地说道。我先让学生去研究经典的演讲稿，仿写一篇高质量的演讲稿，然后请家长指导孩子认真演讲，第二天参加海选，最后选出优秀的同学代表班级演讲。

我告诉学生，这是第一次笔友见面，也许是人生中的最后一次见面。怎样的赠言能让笔友终生难忘呢？请大家认真想，不能在网络上复制粘贴。于是，有的同学写了嵌名诗，有的同学化用了歌词、古诗词等。

返校后，学生写了一篇通讯报道。

儿童写作是什么？就是为童年存档。学生如果有这样的认识，就不会觉得写作文是苦差事。他们会觉得经历的事，认识的人，思考的点点滴滴，都是非常重要的生命档案。

2. 基于交际语境的毕业纪念册设计

再举一个案例。

成都的李兰老师在听了我的讲座后，在自己班级用两个月时间做了“毕业季写作微课程”。

六月到了，师生离别在即，几乎每个即将毕业的学生都会准备一本毕业纪念册。一般来说，这些毕业纪念册大同小异：姓名、QQ 号码、微信号、喜欢的颜色、喜欢的偶像、教师赠言、同学赠言等。

看到这样雷同的毕业纪念册，李老师启发学生：能不能有一份自己设计的、与众不同的毕业纪念册呢？

李老师让学生先做调查：你希望自己有一本怎样的毕业纪念册？然后小组合作，编写创意设计，做成课件在班级发布，学生选中之后再修改完善，最后形成全班的制作方案。

我们来看其中一份方案。上册是“三班那些事”，中册是“三班那些人”，下册是“三班成长纪录片”，这个毕业课程，一共要经历 11 次微写作。如图 10-1 所示。

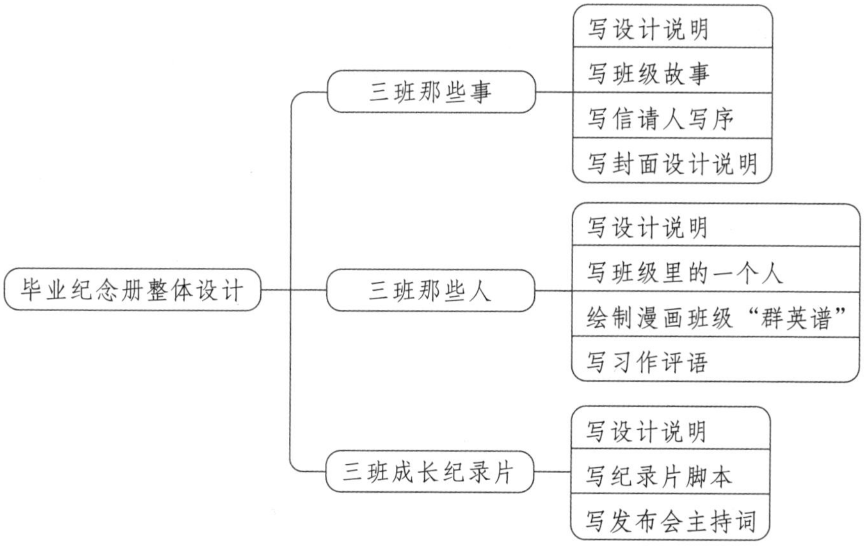

图 10-1　毕业纪念册整体设计

比如，“三班那些人”这个板块，需要写班级里的一个同学。首先，教师对教材中所有写人的文章进行梳理，和学生一起开展群文阅读，提炼出写人文章的若干策略；其次，教师让学生写作、自评、修改；最后，学生把作文交给同桌，互评、修改。

比较有意思的是，教师让学生给每个同学配一幅图片，学生想到用漫画的方式画插画。于是，教师带着学生学习日本漫画《活宝三人组》中夸张的画法，抓住同学有特点的地方夸大，画人物漫画，如图 10-2、10-3、10-4 所示。

图 10-2　借纸专家符明

图 10-3　帅“锅”郭小宇

图 10-4　班级媒婆宋月

图 10-2 是借纸专家符明。从一年级到六年级，符明在学校上厕所从来不带卫生纸，借遍了班级所有同学。你看，他就坐在一卷卫生纸当中，多么形象。同学们翻到这一页，就会忍俊不禁，回想起符明向大家借卫生纸时的情景。

图 10-3 是帅“锅”郭小宇。郭小宇的右边是打开的“情书”，左边是一叠没打开的“情书”。他正悠闲地边喝咖啡边看信，好不惬意呀！

图 10-4 是班级媒婆宋月。到了高年级，就会有同学来撮合谁和谁是一对。这个学生特别喜欢做媒，于是被称为“班级媒婆”。

一幅幅漫画，将学生的性格特点描摹得栩栩如生。

这样的写作，非常强调读者权利。每一次写作，读者与作者之间的互动都特别多。这种写作，是读者至上的写作，是为了读者的写作。不同写作任务下的读者与读者权利也不一样，如表 10-1 所示。

表 10-1　不同写作任务下的读者与读者权利

写作任务	读者	读者权利
写毕业纪念册设计说明书	全班同学	决定最终制作方案
写一个班级故事	全班师生及家长	决定文章是否入选纪念册
写信请人写序	受邀者	答应写序
写一个班级里的人	全班师生及家长	“模特”认可，同意刊登
绘制班级“群英谱”	全班师生及家长	“模特”认可，同意刊登

接下来，教师让学生写一封信，请人写一篇序言。

首先，进行“序言”群文阅读：梅子涵老师给《天使雕像》写的序《一辈子的书》；张祖庆老师给《小学生萧红读本》写的序《你是我们的传奇》；黑鹤老师给《驯鹿之国》写的序《更北的北方》。学生发现三篇序言既各有特点，也有相同之处。

其次，学生向绘本《我爱大蜥蜴》学习怎么邀请别人帮你写序言。

最后，学生用写信的方式，请一位非常有才华的妈妈来给毕业纪念册写序言：

尊敬的黎昊枫妈妈：

您好！

最近，我们要出版毕业纪念册《三班那些人》。这是我们小学生活的回忆，也是三班同学友情的见证。现在这本书缺一篇画龙点睛的序言，我想邀请您来写。

最初，我想请班上的同学……

我又想到了李兰老师。李老师是语文老师，写作水平高，经验丰富，不过她已经为我们班级的另一本书《身边的高尚》写过序言了。总吃炸鸡腿会腻的，我们都想换换口味。

那么，选校长吧，校长的写作水平肯定好得没话说，但是我不确定校长是否愿意给我们写序言，而且她很忙，我怕打扰到她。

那就只能选家长了。王晨沣妈妈和您都不错，我很难选择。不过，黎昊枫的作文水平在班上数一数二，我们相信“有其子必有其母”，您肯定更能胜任。所以，我特意邀请您为我们的毕业纪念册写序言。感谢赐稿。

此致

敬礼

满心期待您写序的杨志程

11 月 23 日

家长满怀激情地写了一篇序言，教师也写来了寄语。

接下来，就是设计一个有意思的封面。为什么选用这个图案？封面取什么题目？你的创意在哪里？学生把想法写成文字，进行封面设计讲述比赛。经过海选，选出了封面“追梦的阳光”。其中，“阳光”是班级符号，“长翅膀的书”是“神奇飞书”，突出了班级的特色——爱阅读、爱写作。这是学生大量研究课外读物的封面之后得出的封面设计基本元素。

最后进行毕业发布，学生相继推出印刷品“三班那些人”“三班那些事”和“三班成长纪录片”（小视频）进行发布，家长现场朗诵《打开书，打开世界》。

整个过程，意义非凡。这不仅是一个完整的课程，而且是一段可以收藏的既温暖又百感交集的旅程。

二、基于真实交际语境的写作

上述这两个案例，有什么共同之处？

一是有真实的交际语境——所有的写作，都不是教师直接布置给学生的任务。比如，在第一个案例中，学生为了完成“看望笔友”这一交际任务，自发地产生写作行为。这种写作，是一种真实的任务驱动型写作。

二是有明确的读者对象——比如，在第二个案例中，读者是同学、家长、校长、社会各界人士。因此，写作不再是纸上谈兵，而是一种真正有价值的交际活动。所有的交际活动，都有真实的落脚点。

三是有鲜明的文体特征——书信、通知、会议记录、演讲稿、通讯稿、协议书、活动须知、策划书……每一类文体，都有自己独特的文体特征。此外，它们都是由一个个微写作组成一个大的写作任务群，任务 1、任务 2、任务 3、任务 4、任务 5……一环套一环。

这样的写作，完全颠覆了以训练或应试为主要目标的写作。写作，也因真实而精彩。

这两次鲜活的写作实践，也让我深有感触：写作路上，高明的教师应该做一台发动机和点燃火把的人。教师要千方百计地创设真实的写作情境，让应用文教学凸显真实性写作的特质。

三、写作教学理论的三大范式转型

西南大学荣维东教授在《交际语境写作》一书中谈到，世界范围内，写作教学理论经历了三次范式转型：首先是写作作为文本，其次是写作作为过程，最后是写作作为语篇，如图 10－5 所示。

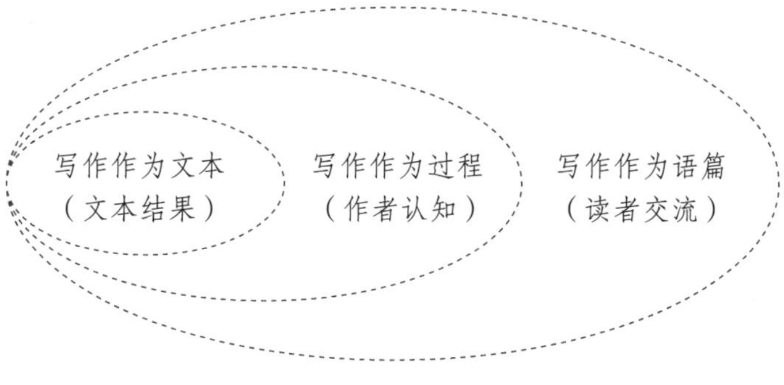

图 10-5　写作教学理论的三次范式转型

就拿我自己在小学语文论坛和微信公众号上的写作来说，我每写一篇论坛帖子或微信公众号文章，都会征求部分读者的意见。我写好文章，一般会发给我信赖的朋友看一看。朋友们大多会提出修改建议："这里你要注意尺度。""这个点可以展开来写。"我有时会保留自己的观点，有时会结合他们的评论，或调整写作方向，或选择更巧妙的角度，或删去敏感的话，或拟出更好的题目，以达到更好地与读者交流的目的。这就是基于交际语境的真实性写作。读者意识、交际语境、文体意识，是我们始终应该关注的三个点。

基于受众真实感受展开的写作，往往能取得更好的写作效果。2018 年 10 月 20 日，我在微信公众号上发了一篇文章，是我的朋友章晓老师写的《学校是你必须敬畏的地方》。这篇文章的阅读量有多少？据不完全统计，已达到 1000 万以上！这篇文章为什么会引发广大教师的共鸣？因为它触痛了教师的内心，为教师代言。读者读到这样的文章，会产生强烈的认同感与共鸣，便会情不自禁地转发。

这种基于读者的写作，始终把读者放在重要位置。这是"写作即交流"理念的生动呈现，读者深度参与是这类写作的显著特点。

四、交际语境的脱落与重构

我们教材中的不少习作训练，相当多的题目是脱落语境的。也就是说，学生是为了完成编者或教师的要求而写作。这样的写作属于第一种范式的写作：基于文本的写作。文本完成了，写作就结束了。

比如，"大自然的启示""热爱生命""我敬佩的一个人"等作文题目，始终没有强调为什么要写这篇文章，写给谁看，这篇文章属于什么体式。

这种没有明确读者人群，没有明确写作目的的写作训练，属于典型的脱落语境的写作。因为缺失语境、缺失读者，学生不知道为什么写这篇文章。这样的写作就是纯粹的技法训练，无法调动学生的写作动机，更无法训练他们真正的写作能力。这是当下写作教学存在的主要问题。

因此，未来的写作教学，要从“文章中心”向“读者中心”转型，从交际语境的重构出发，创设真实的交际情境，让学生在真实写作的过程中，训练写作能力。这才是未来写作教学的方向。

五、我写故我在：教材作文语境重构

写作的本质是什么呢？是对话。与自己对话，与当下的自己对话，与未来的自己对话；与他人对话，与自己熟悉的他人对话，与自己不熟悉的他人对话。对话就是作文的核心，对话就要有语境感。语境从何而来？需要教师去重构。

1. 分享，让习作融入生活

原人教版语文教材有一个单元习作的主题是“研究报告”，原来的作文题目是：

寻找一个想探究的问题，收集并分析相关信息，写一个简单的研究报告。

为什么要研究？研究之后给谁看？典型的语境脱落。于是，我们进行开发——添加语境：

学习用多种方式开展调查，收集信息，应用比较分析得出调查理论。帮助自己或同学解决一个实际问题，并将调查成果与伙伴分享。

有的学生将本校近三年的菜谱搜集起来，然后调查同学最喜欢吃的菜有哪五个？最不喜欢的菜有哪五个？最后把调查结果交给食堂师傅，让他们适当照顾大部分学生的口味。

这就是有任务指向、有交流目的的调查研究。经历这样的调查，然后写成文章，交给食堂，非常有意义。

2. 研究，让写作改变生活

原人教版语文教材有一个单元习作部分的作文题目是：

生活中还存在不少浪费资源和污染环境的现象，我们可以针对这些不良现象，写一份建议书，提出自己的看法和建议，并向有关部门反映。

这道题目太大了。能不能以大化小呢？可以的，请看：

作为六年级学生，请在离开母校之前，给校长写一份建议书，提出自己的看法和建议，并向同学和家长发布。

这样就让习作有了明确的读者对象与写作目的。

有些学生想研究校服，杭州长江实验小学的徐明老师便将题目进一步细化：

马上要毕业了，在离开母校之际，学校打算重新设计我们的校服。你们穿了那么多年校服，一定有最真实的体验和可行性建议。请拿起你的笔，从分析现有校服的优点及问题入手，提出新校服的设计建议，如有需要也可以配上设计图。

学生不仅研究了学校近十年的校服，而且研究了周边名校的校服，甚至研究了日本、美国、德国、法国等国家的校服，形成了自己的看法。发布成果那一天，他们把服装专家、家长、学校领导都请来。发布会上，学生们分析得头头是道。

学生将研究性学习与调查研究报告的撰写融为一体。整个过程，既是一次对服装的调查研究（如表10-2所示），又是一次很好的建议书写作。

表 10-2　校服的调查研究

国家	颜色	分析
美国	黑色、白色、红色等	美国学生追求个性。学校不对校服做统一要求，基本只有在毕业典礼上才会统一要求学生穿着校服。
日本	藏青色、墨绿色、白色等	日本多数学校都有统一的校服，校服不仅仅是学校的标志，而且是时髦的象征。85% 的校服以深蓝色为基调。深蓝色和日本人肤色相近，易于搭配，穿着后给人清洁、健康的感觉。
……	……	……

学生完成调查研究后，还写了一份详写完整的调查研究报告，部分内容如下：

结论：

① 我校的校服十分美观。90% 以上的同学认为校服非常好看，但只有不到 20% 的人认为穿着舒适。建议把校服的布料改变一下。

② 我校的校服大多采用黑色、白色、藏青色等颜色，这些是校服的经典色调。为了创新，我采用了一种十分时尚新颖的颜色作为辅色——草绿色，同时用藏青色作为主色，辅以经典色白色。

给校长的建议：

① 学校每三年更换一次校服，与时俱进。

② 学校组织开展校服设计大赛，并给予获奖的学生冠名权。

③ 由家长和学校一起寻找专做校服的工厂，然后招投标，家长和学校监督校服制作。

3. 观察，用习作记录生活

原人教版语文教材有一个单元要求写观察作文：

你把观察到的事物写进日记里了吗？让我们先交流一下各自的日记，听听同学的意见，再写一则观察日记。要观察自己最感兴趣的，要写自己最想写的。写好后读给同学听，看谁在观察中有新的发现。

观察什么？怎么观察？观察笔记怎么写？我们参照吴忠豪教授的《外国中小学语文教学》一书的经验，帮学生搭建写作支架。怎么搭建呢？

（1）聚焦观察内容，做记录。将以上作文题目改为：

我们周围有很多虫。仔细观察这些虫可以发现十分奇怪有趣的事。找一种我们周围的虫，用放大镜、尺子等工具进行调查、研究，然后把观察到的写成文章。

观察什么，用什么观察，讲得清清楚楚。引导学生从静态、动态、细节等方面仔细观察，做好观察记录：观察的日期、星期、天气、气温；虫的身体特征，包括形状、颜色、大小、构造等；虫的行动方式，包括叫声、叫的方法、食物等；你认为有趣的事，奇怪的事。

观察中，还需要给学生提供一个观察量表。观察不同的事物，量表也是不同的。

（2）查阅相关资料，写文章。观察中若有疑问，自己查辞典、百科全书。根据记录，写小结文章，注意不要遗漏重要的事；把图表等放到文章里，要写得通俗易懂；把书中写到的和观察到的与自己所想到的进行比较；每项内容前要加小标题。

小标题怎么写呢？要给学生提供小锦囊：语言精练、字数相等、结构相似。再举例让学生明白小标题该怎么写。

类似的开发还有很多，如表 10－3 所示。

表 10-3　教材作文创意开发举隅

教材中的作文题目	创意开发后的题目
介绍一处景点	推荐一处小长假最值得去的地方，把推荐理由写充分
介绍一处熟悉的世界遗产	班里同学合作编写《小学生世界遗产初级读本》
写一种你喜欢的动物	为外国小朋友介绍大熊猫、金丝猴（或设计你喜欢的动物名片）
我的妈妈或爸爸	班级最美妈妈或最帅爸爸评比
再见了，母校	寻找最能代表学校颜值和办学水平的十张照片

我们以《再见了，母校》为例，谈谈如何通过语境进行创意开发。快毕业了，几乎每个班级都会写一篇作文——《再见了，母校》。许多学生其实在无病呻吟。有心的教师会把这篇作文开发成一个真实性写作。

教师告诉学生："毕业那天，学校会举行隆重的毕业典礼。大屏幕上将滚动播放十张能代表学校的照片。你觉得哪张照片可以代表我们学校？大家去寻找，去拍摄。选出照片之后，打印出来，配上几句话。看谁的图片和文字，有机会被选中。"

毕业典礼那天，学校真的把学生选出的照片放在滚动屏幕上，学生会无比惊喜！

你看，把常规的作文要求改为征集十张代表学校的照片，这就创生了真实的交际语境，学生写作的积极性一下子被调动起来。

当然，读者中心的写作范式代表未来的方向，我们并不完全排斥前两种写作范式，它们其实是一种包含关系。读者中心的写作，其实也需要关注写作本身，也需要关注写作者的写作心理和基于问题解决的过程。这两种范式要无痕地融合在整个交际语境的写作体系中。

如何融合？还有很长的路要走，让我们且行且探索。

第十一讲
儿童创意写作阶梯课程

台湾剧作家赖声川提出了创意金字塔理论，他认为，金字塔的底部潜藏着人的创造力，金字塔的腰部就是经验，经验会遮蔽创造力。所以，教师教儿童写作，首先要做的就是“去蔽”，去掉遮蔽创造力的东西，让学生的创意潜能喷发出来。

创意写作有三个维度：第一是创意写作阶梯课程，第二是创意写作策略，第三是创意写作成果评价。这一讲仅介绍第一维度的创意写作阶梯课程。

近年来，我按照年级从低到高，由浅入深地开发了一系列创意写作阶梯课程，包括童诗创意写作、绘本创意写作、童书创意写作、微电影创意写作、应用文创意写作、博客创意写作等。一、二年级以童诗创意写作和绘本创意写作为主，三、四年级以童书创意写作和微电影创意写作为主，五、六年级以应用文创意写作和博客创意写作为主。很多教师已经在儿童创意写作课程开发方面做了很好的示范，这里仅介绍我开发的几类主要的课程。

一、绘本创意写作

借助绘本展开创意写作有以下几种样式。

1. 编故事

一种类型是用多幅图编故事。即教师先给学生完整地讲述一个绘本故事，然后把故事在不同阶段的、具有代表性的图片放在同一页面上，让学生用这几幅图片把故事串连起来讲一讲，最后把故事写下来。还有一种类型是用单幅图编故事。比如，教师先截取绘本中的一幅图——云朵面包，让学生提问题，学生会提出很多有意思的问题，譬如，云朵面包是谁做的？云朵面包怎么做？谁吃了云朵面包？吃了云朵面包，会不会飞？飞走以后还会发生怎样的故事？……然后让学生围绕这些问题编一个故事，学生会展开奇思妙想，最终写出一个奇妙的故事。

2. 仿写

教师可以先带领学生阅读安东尼·布朗的《我爸爸》《我妈妈》等绘本故事，然后让学生仿写《我妹妹》《我自己》《我老师》等。比如，有个学生仿写的《我表妹》：

我表妹

这是我表妹，她真的很可爱。比赛谁的哭声大，她一定第一。她一笑，可以迷倒我和弟弟。她敢和我比谁更漂亮。她只有小树那么高。她是一个捣蛋鬼，也是一个小天使，常逗得我哈哈大笑，我爱我表妹！

广东有位学生仿写《我老师》，其中一句这样写他的老师：

我的老师真的很厉害，他敢跟张祖庆老师比赛写作文。

原来，我曾经去他们学校上了一堂课，这位学生就记住了我的名字，夸他的老师敢跟我比赛写作文。真是童真童趣，天真可爱。

绘本仿写包括仿结构、仿语言、仿句式、仿表达方式等。

3. 改写

改写包括改结构、改人称、改叙述角度等。深圳的周其星老师曾上过绘本课《这不是我的帽子》。

这不是我的帽子

这不是我的帽子。是我刚刚偷来的。

我从一条大鱼那儿偷来的。我偷帽子的时候，他在睡觉。

他可能睡很久都不会醒。就算他醒了，可能也不会发现帽子不见了。

就算他发现帽子不见了，可能也不知道是我拿走的。就算他猜到是我，他也不知道我去哪里了。

不过，我可以告诉你我要去哪里。我要去一个水草长得又大又高又密的地方。在那里什么也看不清，没有人会找到我。

绘本中有一页留白。在那张全是水草的页面中，大鱼和小鱼同时不见了，接着的页面就是大鱼从水草中游出来了，头上多了一顶白帽子。大鱼把帽子要回来的过程是留白的。这个空白点，其实就是创意写作的一个切入点。

教师问学生："大鱼会用什么办法把帽子要回来？"

有的学生说："大鱼把小鱼吃了，把帽子要回来了。"这是比较常规的想法，几乎每个人都能想到。

教师便鼓励学生，尽量想出有创意、有新意的办法。

比如，大鱼和小鱼打架、念咒语；大鱼和小鱼跳一支舞，然后交换小礼物；大鱼做小鱼的妈妈，大鱼小鱼轮流戴帽子，母女俩玩帽子戏法……

再比如，有个学生是这样想的："老师，从这个角度看上去，帽子好像是戴在大鱼头上的，其实这顶帽子也戴在小鱼的头上。"

学生的回答出乎你的意料吧。这就是创意思维，既在意料之外，又在情理之中。每个人站在不同的角度，会产生不同的思维。

另一个学生说："老师，大鱼、小鱼一起戴这顶帽子。小鱼藏在帽子下面，帽子又戴在大鱼头上。"

你看，我们要拜儿童为师。在创意写作方面，儿童比我们厉害。

故事讲完了，教师问："绘本故事是站在谁的角度讲的？"

"站在小鱼的角度讲的。"

"还可以站在谁的角度讲呢？"

"大鱼、螃蟹、水草、帽子……"

站在别的角色的角度该怎么讲呢？有位学生站在大鱼的角度，这样写道：

我有一顶心爱的帽子。我很喜欢我的帽子，它跟我形影不离。不管吃饭、睡觉、做操都戴在我的头上。今天，我累了，就美美地睡了一觉。等我醒来，一看，啊呀，我的帽子不见了。这时，我发现远处有一条小鱼鬼鬼祟祟地往前游。一定是他把我的帽子拿走了。帽子果然戴在他的头上，这家伙，我非把他追回来不可。于是，我就开始追……

改变叙述角度，是创意写作经常使用的好方法。扮演的角色不同，写法自然不同。同理，在绘本《母鸡萝丝去散步》中，你既可以站在狐狸的角度讲这个故事，也可以站在主人公母鸡萝丝的角度讲这个故事。

4. 扩写

绘本折射出来的信息是非常丰富的。教师可以引导学生给图画书配上一段文字，然后把这些文字扩写成一个故事。

《神奇飞书》讲的是莫里斯·莱斯莫先生正在写作，忽然一阵飓风把他卷到一个荒凉的地方。突然，他看到了一个可爱的女孩，女孩在一大束"神奇飞书"的牵引下，从他身边飞过。有一本书把他带进了图书馆，他成了图书管理员。他的命运悄然发生转变。

在一幅画中，左边的人是灰色的，因为他们没有读到书，右边的人读到了书，就变成彩色的了。有个学生把这幅画面改写成了一篇日记。

2050 年 6 月 12 日　　星期一　　晴

来图书馆的人，越来越多。

这天早上，来了五个人。一位老爷爷，一位老奶奶，还有三个小朋友，其中一个是女孩。每个人的衣服，无一例外都是灰色的。

“嗨！早上好！”我热情地招呼他们。

“叔叔，给我一本百科全书。”走在最前面的小男孩迎了上来。

我递给他一本百科全书。小男孩兴奋地接过书，立刻津津有味地读了起来。

奇怪的事发生了！小男孩，从眼睛开始，头发、鼻子、脸、双手、双脚，直到全身……有一道彩色的光，从男孩身上逐渐扩散开去。

一个穿着彩色 T 恤的金发男孩，捧着书，迎向金色黎明……

“请同学们认真看图、仔细比较，作者是怎样把一幅静止的画面变成一个故事的？”

学生发现：作者把一幅图变成了多幅图；作者关注了色彩的变化；作者是用第一人称来写的，图画书是用第三人称写的。

总结出方法后，教师让学生写一写：飓风来临时，整个世界都改变了；莫里斯见到了神奇女孩；莫里斯和书一起生活；怎样救一本老书；莫里斯和书告别等。把每个故事写得具有画面感，且吸引人。然后，请四五位学生上来把整个故事讲完整，这就是扩写。尽量把静止的画面写得具有动感，把单幅图变成多幅图。学生不仅用自己的笔创造了一个新的故事，而且把故事写得更具体了。

5. 导写

什么是导写？“导”就是引导、指导。图画书里的图画和文字背后都藏着写话的方法。教师可以将图画书作为指导学生写话的范文。比如，我们要写一个顽皮大王的故事，就可以找来绘本《大卫，不可以》，定格其中一幅画面。

师：请同学们数一数图中有几种玩具？说说大卫是个怎样的孩子？

生：大卫是个顽皮、乱糟糟的淘气包。

师：假如把图画中所有的玩具都收起来，你觉得大卫是个怎样的孩子？

生：大卫是个热爱天文的孩子。

生：大卫是个热爱运动的孩子。

生：大卫是个热爱音乐的孩子。

生：大卫是个喜欢小丑的孩子。

师：如果图画中没有这些玩具，大卫的性格还一样吗？这就是画面会说话。我们想写一个小朋友很顽皮，就要写出有画面感的文字。读者从你的文字中看到他的顽皮，这就是画面在他的头脑中复活了。

这就是绘本导写，教师要善于发现绘本里藏着的写作方法，引导学生用这种方法去写作。

教师要引导学生领略绘本的精妙，导写只是其中极小的一个方面。导写要在充分阅读的基础上，水到渠成地写，不能为写而写。否则，绘本创意写作无异于买椟还珠。

认真读上 1000 本绘本，你就会发现绘本创意写作的方法很多很多……

二、童书创意写作

优秀的童书，本身就充满着创意想象。因此，在写作教学中，教师可以带领学生深度阅读，在阅读的基础上，开展丰富多彩的童书创意写作。读了诗歌体小说《十岁那年》后，教师可以引导学生用诗歌写自己的《十岁那年》。读了《划桨入海》这本关于桨手角色自述的成长小说后，教师可以让学生站在某个事物的角度，记录自己的变化。

童书创意写作有如下四种基本类型。

1. 穿越写作

穿越写作是把自己融入书中，和书中的主人公产生连接，去创作新的故事。这样做的好处是：童书的整体风格和故事的写法会迁移到学生身上。

德国小说家埃里希·凯斯特纳著的《5 月 35 日》让人脑洞大开。书名好奇怪，5 月怎么会有 35 日呢？

书中讲一个叫康拉德的孩子，因为数学学得太好了，语文老师让他写一篇关于南太平洋的故事。可是他没有去过南太平洋啊，怎么办呢？在叔叔的带领下，他骑着大黑马，穿过一个十五世纪的衣柜门，进入了懒人国、古城堡、颠倒的世界、自动城，最后到南太平洋，回来后写了一篇非常棒的作文。里边的故事特别好玩。懒人国简直太奇葩了。比方说树上有四种果子，你要喝果汁，一按铡刀，果汁或者水果泥就出来了。下雨出门不用带雨伞，地上会长出树伞，一棵一棵自动跟着你走。懒人国的牛可以变出两个脑袋。更好玩的是每只老母鸡的背后都背着一口煎锅，客人来了，就会下蛋，然后用煎锅做荷包蛋、香肠煎鸡蛋、芦笋煎鸡蛋。

教师可以引导学生展开头脑风暴："假如我们到了懒人国，会遇见怎样的奇人？会看见怎样的奇观？会发生什么奇事呢？"学生会说出各种各样好玩的、跟懒有关的事情。

学生在这本书的启发下，加上自己的奇思妙想，一个个精彩的故事诞生了：

在懒人国，有一种特殊的被子，只要盖上这种被子呀，小时候那些没有记住的故事都记起来了。

在懒人国，你的头发长长了，只要把你的头发放进河里，螃蟹过来，就会咔嚓咔嚓地把你的头发给剪短了。

我们走到一片田地边，看见一朵玫瑰花的花骨朵。我们轻轻地摸了摸花骨朵，花儿马上开了，吓了我们一跳，原来花里有个小宝宝。怎么回事呀？我们看到旁边有一个女人，那女人用几乎听不到的声音说："我们女人懒得生宝宝，就让花帮我们生宝宝。我们只要亲一下玫瑰花的花骨朵，花就开始生宝宝了。"

接下来，教师可以带着学生继续开展头脑风暴。书中有个懒人国，我们还可以创造一个属于我们自己的国度，比如小人国、童话国、冰激凌国、玩具国、动画国、魔方国等。有什么样的国度，就会有什么特别的规则，就会发生什么稀奇古怪的事情。

其实，创意写作不仅仅能让学生的作文充满灵气，还能够产生其他意想不到的惊喜。我曾经做过"创意写作夏令营"。有个叫柴韵佳的女生，听了我的课后异想天开，发明了几样东西，申请了两项国家专利。你看，教师教创意写作，说不定会教出一个爱迪生，教出一个发明大王。

这样的创意写作，还能够带着学生玩出很多花样。

读《一条聪明的鱼》，教师可以引导学生把自己想象成一条鱼，回到史前，想象生命进化的另一种可能。

读《苹果树上的外婆》，教师可以请学生到苹果树上和外婆一起玩，想象各种可能：苹果树上的外婆无所不能，如果穿越到其他地方，那么会遇到什么事情？

读《鲁滨逊漂流记》，教师可以引导学生想象自己就是"星期五"，站在野人的角度，写下鲁滨逊的最后岁月。

2. 心情日志

心情日志，就是站在小说主人公的角度，把主人公一天的经历，以日记的方式写下来。心情日志能帮助学生更好地读懂一本书，更好地走进一个角色的内心世界。

我曾经上过《罗伯特的三次报复行动》整本书阅读课。30 多年前，罗伯特是一所学校的老师，他管不住学生，学生总是欺负他。罗伯特老师不知道 7 乘以 9 等于多少。有个叫勒康的顽皮男生，在教育检查员来听课的时候，故意捣蛋，在快下课的时候，故意问 7 乘以 9 等于多少，罗伯特老师顿时傻眼了，由于太紧张，一不小心碰到了金鱼缸，接着发生了灾难性的事情：小女孩卡特琳的头被撞破了，缝了 14 针；布里吉特的下巴脱臼，左脸颊充血；教育检查员史蒂芬尼小姐全身上下多处被碎玻璃扎伤，右肘严重骨折，并因此上了五个星期的石膏；罗伯特获得了历史上从未有过的糟糕分数；七条金鱼全部死亡。

终于退休了，罗伯特有机会报复学生了。听说学生勒康开了一家餐馆“老城堡”，其即将获得米其林三星，于是趁美食评论家马莱耶松先生到“老城堡”品尝美食时，罗伯特请他的修车工表弟热拉德和妻子莫尼卡在“老城堡”吃饭，并故意让他们带上充满野性的名叫布鲁的大狗……灾难性的结果出现了：“老城堡”因为内部修理停业两周；四位员工因为心理创伤休假；勒康先后打了狂犬疫苗和预防破伤风针，并患上轻度忧郁症；马莱耶松足足睡了五天五夜；大狗布鲁昏睡了八个钟头。

教师可以带领学生站在当事人的立场，把这一天的场景写下来。比如，如果你是罗伯特老师，报复大获成功，那么你会在日记中怎么记录今天的“胜利”？如果你是饭店老板勒康，遭受奇耻大辱，那么你会在日记中怎么记录今天的遭遇？

心情日志其实是另一种形式的改写和复述，既源于书本，又超越书本。

3. 续写

童书创意写作还可以续写的方式进行，下面是杨婷老师的分享：

《妖精的小孩》是中年级的共读书目，我用了 14 个课时进行整本书共读。今天分享第 14 课时的创意写作——续编故事。

第一，体现奇幻要素。《妖精的小孩》是奇幻小说，续编故事也要体现奇幻小说的特点。蒋军晶老师说过，大部分奇幻故事的主人公，必须要透过一场冒险来拯救一些重要的东西，完成一个使命，或者达到有某种特殊意义的目标。看了彭懿老师关于幻想小说的一些著作，我得出奇幻故事的基本要素：在奇幻故事里，需要去拯救一些重要的东西，主人公需要通过冒险的方式来进行，需要有一些神秘的物件，还需要有从现实世界到二元世界的特定通道。

我让学生回顾自己看过的一些小说。他们发现《西游记》里面孙悟空的神奇物件是金箍棒，要进入幻想世界的时候，需要翻筋斗；《哈利·波特》中哈利·波特有个魔法棒，从现实世界到幻想世界，要经过九又四分之三车站；《爱丽丝漫游奇境》中爱丽丝从现实世界掉进幻想世界是通过兔子洞，兔子洞就是现实世界和幻想世界的通道。

第二，主要人物和人物形象不能变。小说中主要人物的性格特点不能变，我们编故事时主要人物的性格和这本书中主要人物的性格基本上是一致的。

《妖精的小孩》中主人公的身材既矮又瘦，她的脚趾和手指比同龄人的长很多，另外她的眼睛和动作都有一些特点。续编故事的时候，一定要把这些特点都体现出来。萨思琪能变形、会变身，编故事的时候要保留这些特征。

第三，顺着思路发挥想象。《妖精的小孩》的最后一个画面是这样的："突然，马车陈旧的皮质窗帘里伸出一只手指修长的手，挥动着跟她告别。贝丝婆婆也挥着手，直到马车翻过山头，直到太阳升起，挡住她的视线。"续写的时候，我要求学生：你的故事开头要和这个画面有关联。学生就从这个画面接着延伸，接着编故事。

第四，借助故事续编表发挥想象。故事续编表结合了周子芳老师的故事支架理念，借用了台湾编剧许荣哲的《小说课Ⅰ：折磨读者的秘密》《小说课Ⅱ：偷故事的人》里的一些故事公式。让学生先填表，想想题目是什么，想象故事发生在什么时间，地点在哪里，你要给故事设置什么样的环境。另外，一个故事要想好看，一定要有一些障碍。在解决这些障碍的时候，你会设置哪些解决的方法，你会设置怎样的结局，都要提前构思好。

这节课的最后5分钟，我和学生一起回顾了奇幻小说的写作秘诀。分别有这些：第一，体现奇幻要素；第二，主要人物和人物形象不能变；第三，顺着思路发挥想象；第四，借助故事续编表发挥想象。

4. 改写

改写比较简单，有改故事题材的，有改情节的，有改结局的，有改结构的，有改叙述角度的，还有改人称的。比方说用第一人称来写的故事，改成第三人称，或者第三人称改成第一人称等。绘本《母鸡萝丝去散步》讲的是母鸡萝丝散步时，有只狐狸紧追不舍，母鸡萝丝镇定地往前走，狐狸却一次次都非常狼狈，最后，母鸡萝丝安然无恙地回到家。这个故事很有意思，如果我们让学生改写，学生既可以站在狐狸的角度，以第一人称来写故事，也可以站在母鸡萝丝的角度写故事。学生会发现，以不同人称写故事，角度不一样，写法不一样。同时，学生会把自己的心理活动加进去。

三、博客创意写作

我为什么会想到用博客进行创意写作？因为当时我接手了一个作文基础比较薄弱的班级，而当时博客比较热门，于是我就想到博客写作的点子。

我所带的六（1）班的班级博客名为：梦起飞的地方。

班级博客开通不到三个月，就从一个班级主博客，发散到26个博客。学生的积极性是怎么调动起来的呢？

第一招：博客转帖。写作不错的学生开了博客，我会先在下面留言，然后在班级博客里发帖：班里又多了一个才女（才子）。这样看似轻描淡写的评价语，对学生来说却是极大的鼓舞。

第二招：互访联盟。召开家长会，成立互访联盟。我要求每位家长每周至少访问班级三个学生的博客，并写评语。

第三招：神秘粉丝。有个学生在博客里写文章，说发现一件奇怪的事情，班级博客里有一个神秘的粉丝，来无影去无踪，有时候叫37号小狼，有时候叫37号小石头，有时候叫37号莼菜，对班级特别关心。学生都怀疑37号是我，我说我也很想知道37号究竟是谁，学生猜测会不会是哪位家长。

后来发生了一件事，终于打消了学生对我的怀疑。那年圣诞节前夕，我正在博客上点评作文。突然，一个同学举手了，说37号在博客下面留言了，说他送来一个包裹，里面有四份礼物。我让学生去传达室领取，果然取到了。学生说，由此可见37号不是我，因为我当时正在给他们上课。于是，我不再被学生怀疑。随后，我提议学生给37号写一封信，下面是陈子涵同学给37号写的信：

37号同学：

我一直都想知道您是谁。可您总像一个缥缈的梦。

我们看不到您的真身，只能看到您的留言。您像一缕阳光，我伸出手想抓住您，您却早已挪移。

您悄悄地来，又悄悄地去。您挥一挥手，带走我们的牵挂，留下对我们的关心。

这四份礼物，看起来是轻飘飘的，但它们承载着您对我们的关心，所以它们又是沉甸甸的。

孤独的草原狼

学生写文章留的都是网名。为什么用网名呢？为的是能真性情地写博客。

还有值得回忆的故事，就是我们的“网上生日”的故事。

班里有个女生叫周心敏，她长得很像演员周慧敏，偶尔忘交作业，上课从来不举手发言，她的文笔不错。有一天，我把周心敏写的文章《拥抱阳光》打在课件上，配上班得瑞的纯音乐《日光海岸》。在晨诵课上，我郑重地、声情并茂地诵读。读完后，学生掌声雷动，我说掌声应该送给作者。作者是谁呢？我们把表扬当作很郑重的典礼来对待。大家猜了好一会儿，就是没猜到周心敏。我一点鼠标，出现了满屏的周心敏。周心敏很激动，随后写了一篇文章，表达了希望自己全面进步，成为一个阳光女孩的想法。于是，我利用一切可以利用的机会，不断地鼓励她，她慢慢地成为进步学生的典型。

10 月 31 日是周心敏的生日，当时我正在宁波出差。于是，我给她写了一封信，写着写着，我把标点符号去掉，就变成了一首诗：

明天是你 12 岁生日
亲爱的周周
这将是你的隆重庆典
因为，生命的旅程正展开
崭新画卷
更因为
你正从丑小鸭向白天鹅
悄然蜕变
曾经，你是那样的腼腆
搜尽了记忆
谁都想不起你在课堂
有过什么发言
紧闭唇角
默默凝然
你把自己坐成了一座
雕像
沉默了
一年又一年
从丑小鸭到白天鹅

之间的距离并不遥远
只要
阳光永驻
总有一天
你会将张开
翅膀

我把这首小诗发在博客上。没想到一石激起千层浪，学生们纷纷留言，祝周心敏生日快乐。周爸爸、周妈妈、其他学生的家长，以及网上关注我们的朋友，都纷纷送上祝福。当天晚上，周心敏就写了一篇长文，感谢我对她的厚爱。

此后，我把自己逼上了“绝路”：每一个学生过生日，我都给他们写诗。

一天，我正在教室里的电脑上整理资料。一个学生把我的照片放在教室前方的投影上，我刚想把照片撤下来，学生问：“张老师，您的生日是什么时候？”照片上面写着 1971 年 1 月。

我一听，一股暖流涌上心头，学生懂得报恩了。之前都是我给他们写诗，写祝福语，现在学生在询问我的生日，他们想回报老师呀。我考虑再三，最后没有告诉他们。

学生继续猜测，张老师的生日在一月份的某一天，这是他们从我的照片中找到的蛛丝马迹。后来，班级里掀起一股我的生日侦查热。有个学生说去公安局查，有个学生说去学校工会主席那儿查，还有个学生说他自有妙法。那个说自有妙法的同学最终破解了我的生日之谜。

他是怎么破解的呢？

他在我儿子的博客里留言：张公子，你的《“大河之舞”观后感》第一段写得很好，第二段写得更好，弱弱地问一下，你爸爸的生日是不是 1 月 13 日呀？

我儿子当天刚好有信息技术课，他一登录博客，就回复了：不是，我爸爸的生日是1月 × 日。

就这样，我的生日之谜被破解了。

第二天，我告诉学生："不能在班级博客上公布我的生日，如果谁公布的话，我就把谁从班级博客中删掉。"

我生日那天，虽然学生没有在班级博客里留言，但是很多学生都在自己的博客中向我送出了生日祝福。

我想，一个老师，只有做走心的教育，让你的点点滴滴走进学生的心灵世界，学生才会把你当亲人，才会千方百计地用他们的方式表达对你的爱。后来有一天，我在路上接到一束鲜花，上面留言：博主，祝您生日快乐。我并不惊讶，那是毕业的学生送给我的生日祝福。

博客里还有很多好玩的项目。每年元旦，我们都会组织一次有意思的活动。比如，有一年，我们组织了一个年度汉字评比活动。活动是家长组织的，我们要评选这一年的国家年度汉字，班级年度汉字，博客年度汉字。选哪个字？为什么要选这个字？把答案和推荐理由发到教师的邮箱，然后进行投票表决。经过筛选、统计，最后揭晓国家年度汉字为"牛"，班级年度汉字为"博"，博客年度汉字为"飞"。比如，"飞"的推荐理由如下：

085号作品

博客年度汉字：飞

推荐理由："梦起飞的地方"，这既是我们班的博客名，也是我们心中的圣地。有梦就有希望。要让梦想起飞，需要付出卓绝的努力。在我们这个大家庭里，许多人的梦想都在起航；我们，正在飞向成功的彼岸。相信，在不久的将来，我们都将成为一只只雄鹰，翱翔蓝天，搏击长空。

活动还未结束，我就请浙江省书法协会的朋友把这三个年度汉字写成书法作品，又请我曾经教的一个当时正在某重点大学就读的学生为入选作品颁奖，还请校长致颁奖词。每个活动的效果都发挥到了极致。活动最后就是写作文，让文字定格这些画面。

我在颁奖典礼上说："我们就称37号为'牛博飞'，'牛博飞'既是咱们班级的愿景，也是咱们班级的文化。我们既要'牛'，也要'博'，还要'飞'！"

第三天，一个学生说："张老师，我知道37号是谁了。"我问："是谁？"他说："就是您呀！昨天您讲过37号粉丝叫'牛博飞'。今天早上7点钟，博客留言就是37号'牛博飞'，7点钟我们还没起床呢，怎么可能留言，别人又不知道这事。"我说："同学们，现在可以告诉你们了，37号其实是一个粉丝团队、爱心团队。有时候是张老师，有时候是张老师的爱人，有时候是你们的爸爸妈妈。"学生说他们其实已经猜出来了，只是不敢确定罢了。

有时候，我们也可以把作文指导融入习作建议。比如，一位同学写《西湖的雪》，我就会建议他读钟敬文的《西湖的雪景》；一个学生写《猫》，我就在下面留言，建议他读一读夏丏尊的《猫》和丰子恺的《猫》。就这样，我用"润物细无声"的方式引导学生不断琢磨，不断反思，不断改进。

经过一年努力，班级学生的写作能力提升非常快，有的学生一年写了200多篇文章。

学生为什么会喜欢写作？原因有两点：其一是游戏化，其二是很多人在关注他们写作。关注就是力量，关注就能开发学生的小宇宙，能把学生的写作热情激发出来。为什么我在微信公众号写文章乐此不疲？因为我的文章会被别人认可，会被别人转发，这对我来说，就是一种幸福。写作与满足人的幸福感结合起来，既是生活的常态，也是生活的需要。

博客写作能够激发学生的写作自信。每一篇文章，就像一棵"小树苗"，它们在自己的浇灌下，慢慢地长大，变成一片"文字森林"。还有什么比看到自己种的一棵棵"小树苗"长成"森林"更让人欢欣鼓舞的呢？

最后，回顾一下，绘本创意写作、童书创意写作、博客创意写作等，都是我在作文教学中的点滴做法。首先，有做法；其次，系统化梳理；最后，才变成一个完整的课程。

再次重申，一线教师的课程，大部分不是顶层设计出来的，而是生长出来的。有时候是无心插柳柳成荫，成荫之后我们再去维护它。

总之，教师既要做种树人，也要做护林者。

第十二讲
我的电影课程的前世今生

这一讲很特别。我将播放很多电影，然后结合电影，讲一讲我的电影课程的前世今生。

一、微辩论和微写作

先来欣赏《更好的世界》电影片段：

【剧情简介】医生安东带着自己的大儿子伊莱亚斯、大儿子的朋友克里斯蒂安和小儿子莫顿到游乐场玩，安东看到小儿子莫顿与另一个小孩子在荡秋千时发生了纠纷。安东快步走向两个孩子，准备劝架。另一个孩子的父亲——一位叫拉尔斯的修车工赶过来，不分青红皂白就扇了安东一巴掌。安东的两个儿子和大儿子的朋友都劝安东报警，安东没有去。后来安东的大儿子和他的朋友找到了修车工工作的地点，于是安东带着三个孩子去找修车工。安东和修车工理论，希望讨回公道。修车工不但没有向安东道歉，反而又扇了安东两巴掌，安东仍没有反抗。孩子们不理解，安东却说："他输了，我赢了。他也就这点本事。"

第一次看这个视频的时候，我极为不解。一个大男人，面对一个粗暴野蛮家伙的侮辱和侵犯，一忍再忍，这是为何？学生能理解这样的行为吗？我在班里放了一遍视频，三分之二的学生表示理解，三分之一的学生表示不理解。

我把学生分成两个阵营，组织他们亮出观点、展开辩论。

1. 辩前准备

（1）明确立场。你对安东的做法、说法持怎样的态度？独立思考，在小贴纸上用关键词写出你的观点和理由。

（2）分享统整。观点相同的学生聚在一起组成小组。每个小组用思维导图整合大家的观点。相同的观点贴在一起，不同的观点放在旁边。学会整合自己和他人的观点，统整是非常重要的思维方式。

2. 组织辩论

统整完成之后，组织学生展开辩论：

微辩论

正方：理解认同安东的做法和说法

反方：坚决反对安东的做法和说法

辩论方式：自由辩论

辩论规则：有理有据阐述观点，有礼有节反驳观点

温馨提醒：辩手用心倾听，记录要点，有针对性地反驳

场外观众：积极声援队友，或提供要点，或直接反驳

我们来看以下课堂实录，包括学生辩论的场景，以及学生采访家长的场景。

《微辩论》课堂实录（节选）

反方：安东可以站在自己的立场上扇回来。

正方：我觉得在这件事上，安东并没有彻底输给修车工。虽然他在肉体上似乎失败了，但是其实心理上占了很大便宜。安东在对方扇自己巴掌后没有还手，其实就是无声地抵抗，使对方感到无趣难堪。

反方：我们并不是强调要用武力解决问题，而是应当用法律保护自己。孩子们已经给安东提出了很好的建议，去报警，用法律维护自己的尊严，但安东没有听从孩子们的意见，只是一味地忍让、退缩。

正方：请对方辩友注意，安东是父亲。如果安东接受孩子们的建议去报警，那么孩子们今后可能遇到小事情动不动就报警，而他们无法从根本上解决问题，这才是真正的懦弱。

反方：被扇巴掌是十分伤自尊心的。假如说一直被扇巴掌或者被人打伤，难道你还不去报警吗？

…………

师：好，辩论告一段落，请各位辩手回到自己的位置上。同学们，让我们为他们精彩的发言鼓掌，谢谢他们。有些同学的爸爸妈妈来了，现场选一位小主持人，谁愿意采访这些爸爸妈妈？要有礼貌地问他们问题，其他同学还可以追问。

（小主持人上台，采访自己的爸爸）

小主持人：亲爱的爸爸，您好！看了这部微电影以后，请问您是支持安东还是反对安东？

家长：看了这部微电影以后，我支持安东。我觉得对孩子的教育应该是用爱传播爱，而不是用暴力传播暴力。爱是这个世界上最永恒的力量。安东的反应对孩子暂时的影响是一定存在的。单就简单地解决问题而言，他完全可以通过暴力制服对方，我相信他做得到。他选择了忍让，但并不代表生活中时时处处都要忍让。我还有另外一层意思，当我们的核心权利受到侵害时，还是应该拿起法律武器来维护，而不要轻易选择暴力。

小主持人：吴振峰的妈妈，您好！您看了这部微电影以后，有什么感受？

（家长回答略）

这是我第一次组织学生进行微辩论，学生表现出来的思维灵敏度、思维深度和广度，让我很吃惊。我把家长请到课堂，是想让学生听一听大人对这件事的看法。虽然大家讨论的是电影中的场景，但非常贴近学生的现实生活。

这种冲突场景在学生的生活中会经常出现，在冲突的情境当中学习如何智慧地应对冲突，是学生成长中必须面对的一个课题。

3. 辩论后开展微写作

先把电影引入课堂，让学生展开辩论。辩论之后再进行微写作：如果把这一段微电影分享到微信公众号，或者父母的微信朋友圈，你会写些什么内容表达自己的立场？

像这种用微电影展开创意写作教学的课型，我把它定义为“微电影微创意写作”。

二、光影中的创意写作课

像这样利用微电影展开创意写作教学的课例，我从 2004 年开始探索，到最近几年持续开发，终于在 14 年后磨成了一本书《光影中的创意写作——46 节电影作文课》。

这本书共有四个章节。第一部分交代了创意写作的来龙去脉和基本的教学策略。第二部分是我的 10 节创意写作精品课，每节课都有电影资源分析、思维导图、教学过程创意赏析。第三部分是我们团队的 36 节创意写作课，三至六年级，每个年级 9 节课。第四部分是电影牵手童书目录。

其中，三年级设有续写，求异表达，写外貌、对话、提示语、连续动作，练口语交际，用典型事例写人，给画面配台词等。

四年级设有多元视角编故事、写结局，跟着电影写寓言、练夸张、巧对白，无字电影变绘本等。

五年级侧重用意象来抒情，写好细节、心理、侧面描写，把故事写得一波三折，写微影评等。

六年级设有运用“智慧与巧合”编写奇遇记，跟着电影学习对比象征、借景抒情、妙用动词等写作技巧，写微影评脚本，进行故事重构等。

1. 微电影创意写作举隅

在《光影中的创意写作——46 节电影作文课》一书中，大概有如下具体的教学样式。

（1）微电影微素描。播放三四分钟的短视频，让学生用自己的语言描述视频内容，同步画外音，培养学生连续用动词描述动态画面的能力。

（2）迷你电影海报。播放微电影，让学生根据电影内容，概括故事梗概，要求海报既能抓住重点，又能激发观影期待。

（3）微型剧本续写。在某部精彩的电影播放到最高潮的片段时，戛然而止，然后让学生根据已知的故事情节、线索推想后续的发展，写一个微型小剧本。

（4）从对话学对话。让学生根据电影精彩的对话学写精彩提示语，关注提示语的位置。

（5）看电影写绘本。截取电影中的不同画面，让学生从中选择自己需要的画面，配上文字，把微电影写成一本绘本。

（6）看电影写小说。观看微电影，激活学生的想象，带领他们写类似主题的小说。

（7）微电影与微影评。让学生用几句话评价微电影，可以写感悟、联想或影片的拍摄风格等。

2. 课例呈现

（1）同一部微电影的不同教法。教师播放微视频《屎壳郎推粪球》。这个视频在教学中怎样运用呢？不同的年级可以采用不同的方法。

如果是在四年级教学，那么教师可以引导学生进行视频解说。先让学生观看这段视频，再把视频截为三部分：屎壳郎发现了粪球往前推；屎壳郎的粪球卡在一根树枝上，怎么推都推不动；屎壳郎终于将粪球推出去了，它慢慢地消失在茫茫大地上。

让学生选择其中一段，写解说词，要求把画面讲清楚。怎样才能把细小连续的动作讲得清楚精准呢？教师得用慢速播放动态视频，要求学生仔细观察，写好细小连续的动作。学生写完之后修改，修改后，再尝试给视频配上画外音。就像赵忠祥解说《动物世界》一样，解说这一段视频，整个过程非常有意思。

到了五年级，我们怎么用呢？教师可以用这段视频指导学生把一件事情写得有波折。屎壳郎推粪球，看起来简单，导演却通过长镜头拍摄，让我们深深沉浸其中，不禁为屎壳郎捏一把汗。为什么会达到这样的效果？因为它铺设了紧张的故事情节，制造了故事的拐点。我们在写作文的时候，也不妨让所述事情起一些波澜，这样就更吸引人了。

到了六年级，可以用这段视频进行哲学思考的启蒙。教师可以带着学生理解大与小、有限与无限等。

（2）无字电影变绘本。电影变绘本，其实是有实例的，绘本《神奇飞书》就是由奥斯卡获奖电影《神奇飞书》改编的。电影与书形成了交互关系，各有特色。受这本书的启发，我们团队开发了一堂课——“无字电影变绘本”。教学过程是这样的：

教师播放第73届奥斯卡最佳动画微电影《父与女》。

【剧情简介】秋日温暖的傍晚，父亲带着女儿一起骑单车，他们穿过林间小路，骑过草地，骑上高坡，来到平静的湖边。

父亲抱抱女儿，然后独自登上小船。女儿在湖边静静地等待，等到船在视线里变模糊，等到太阳快要落山。父亲迟迟不归，女儿一个人骑着小小的脚踏车回去了。从那以后女儿每天都来湖边等候，她一个人骑着单车往返，风雨无阻。多年过去，小女孩为人妇，为人母，转眼老去 。

已然老去的她日日来到湖边，直到湖水干涸，化为草原。她穿过大半人高的草丛来到沉睡在湖底的小船边，躺在小船里，就像躺在父亲暖暖的臂弯里。

这是一部触动学生心灵的微电影。导演用中国水墨画的风格讲述了一个非常辛酸的故事。父女相守、送别，历经漫长的一生的等待，最后在幻觉中重逢。画面很简洁，但每一幅画、每一个细节都耐人寻味。这是一部需要用心去慢慢体会的好电影。

活动一：欣赏影片，画出时光轴。

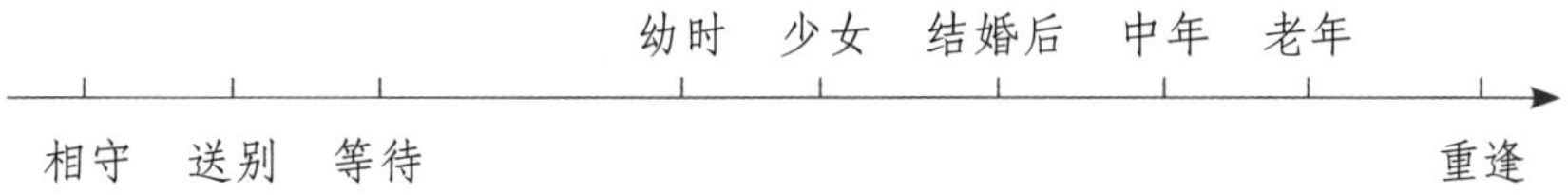

画好时光轴后，我问学生："为什么导演要花那么多笔墨来刻画等待的不同场景？"

一个心思细腻的女生回答："在等待的时候，导演选择了不同的天气，不同的季节，不同的时间段来呈现等待的不同场景。女儿风雨无阻，天天等待父亲的归来，这是一种多么深情的守望啊！"

活动二：选择合适的画面。

如果我们把这部感人的微电影变成一本绘本，那么请你从"相守""送别""等待""重逢"4个信封（共30个画面）中选择你认为合适的18个画面。注意，每个信封中都有若干幅画，有的多一点，有的少一点，画最多的应该是"等待"这个信封。想一想，你会怎么选择？哪些可以不要？哪些必须保留？为什么？小组合作，把你们需要的18幅画选出来。

如果这本绘本需要一个封面，那么你觉得哪一幅画可以作为封面？选择的理由是什么？

活动三：给画面配上合适的文字。

可以先向《神奇飞书》学习，仔细观察画面与文字是怎样相互衬托的。有时简单的几句话，就把故事的转折写得非常清晰。但是有一幅画配的文字却非常多，就是莫里斯来到神奇飞书图书馆，这里的书都会飞，他的心情也随之发生了微妙的变化。

莫里斯缓步走了进去，发现这是一个他从未见过的、最神秘最吸引人的房间，不计其数的书振翼飞行，充盈其中。千万个故事在窃窃私语，好像每本书都在轻声邀请莫里斯探寻其间。

这段话淋漓尽致地把莫里斯当时的心情刻画出来了。“有时候，莫里斯会沉浸在某本书中，一看就是好几天”一笔带过，有些甚至只有一两个词语，“就这样，一天又一天，一个月又一个月”。

在微电影《父与女》中，怎样把握故事基调，比较好地写出主人公的情感世界呢？

我们需要再次观赏影片，并关注细节。

再一次观看微电影，关注画面的色调、环境，思考影片中变化的是什么，不变的是什么。注意人物的动作、年龄的变化，想一想主人公当时的心情是怎样的。

不同的画面要注意该简则简，该展开就展开。比如，“等待”的画面，可以给它配上怎样的文字呢？女儿已经等了大半辈子，等了那么长时间，还不见父亲归来，她就站在海边，静静地凝望。这个时候她会想些什么呢？

示例一：（直抒胸臆）

亲爱的爸爸，您什么时候才会回来？我等了您一年又一年，一年又一年，我的两个孩子都会奔跑了，可我还是没有等到您的归来……

示例二：（情景交融）

天依然是灰蒙蒙的一片，我久立江畔，望眼欲穿。什么时候才能等到您——我亲爱的爸爸！我的心才会再一次充满阳光。

让学生在18幅图中选择3幅，把文字直接写在图片相应的位置，注意把握好情绪与节奏，文字要跟画面相配。

活动四：配乐朗诵，呈现朗诵版绘本。

完成后，选择合适的音乐，小组合作上台展示自己编写的绘本故事，当堂配乐朗诵。

活动五：取个好书名，装订成册。

取一个好的书名，将绘本装订成册。

下课了，做一个绘本展览，选取优秀封面奖、优秀故事奖、优秀设计奖、优秀选图奖、综合大奖等。这堂课教师带领学生经历了把无字电影改编成绘本的全过程，有案例的示范，有方法的展开，有学生的写作实践，以及后续的活动，内外沟通，读写结合，很有创意。

课堂上，当学生看到视频高潮时，尤其是女儿躺在船里无声哭泣的时候，许多同学也跟着哭了，他们想起了自己和亲人相处的时光，回忆起家里已去世的老人。电影触动了学生纯真的心。

（3）迷你电影海报

怎么设计电影海报？

我曾借助微电影《月神》，上过一节“看电影，做海报”的创意写作课。

【剧情简介】宁静深邃的大海中央，摇来一艘小船。船上坐着祖孙三代，有着白胡子的爷爷，健壮的父亲，以及小男孩。海面升起一轮明月，父亲架起一座云梯，小男孩带着铁锚爬上了月亮，看到月亮表面覆满着闪闪烁烁的星星。在爷爷和父亲为用什么工具打扫星星发愁的时候，一颗巨大的星星闪着蓝光从天而降。小男孩爬到星星的顶部，用锤子轻击，大星星变成了许多小星星。接着，他们用各自适合的工具把小星星扫到一边，最后一轮圆月变成了一弯眉月。

这是一个富有想象力和创意的故事，有亲情，有智慧，有浪漫，非常好玩，非常深刻！

微电影看完之后，我带领学生设计电影海报。怎么设计呢？

我告诉学生："海报一般会有一幅主打的大图，有一些基本的信息，还有电影的故事梗概。它有特别的要求，该详细的地方要清清楚楚地写，该简略的地方要隐隐约约地写。比如，故事的时间、地点、人物，以及事情是怎么发生、怎么发展的，都要交代清楚。但有一些地方不要交代得太清楚，因为海报的目的是吸引观众走进电影院。如果把高潮，或者结局，或者关键的细节，甚至悬念点都解开了，观众就没有兴趣走进电影院了。所以电影的高潮部分、结局部分、细节部分都要隐隐约约地写。"

有个学生是这样写的：

深蓝的夜空下，宁静深邃的大海中央，摇来一艘名叫"月神"的小船，船上坐着祖孙三代。不知不觉间，散发着乳白色皎洁光芒的满月从海水中升起，悬浮夜空。爸爸支好梯子，男孩背着铁锚爬了上去。原来，那发出光芒的竟然是遍布月亮表面的星星。

忽然，一个巨大的蓝光漩涡，旋转着从天而降，它竟然是一个庞然大物……男孩爬上这巨大的物体，用锤子轻轻一敲，顿时……

几个小时后，他们回到船上，回头一看，天边的月亮竟然……

请注意，这三个省略号，略去的正是高潮部分，在细节部分和结局部分制造了悬念，观众会对这部电影产生好奇。庞然大物究竟是什么呢？锤子一敲发生了什么事情呢？天上的月亮怎么了？

只有激起观影期待，海报才算大功告成。

当然，海报并不仅仅只有这一种设计方法，还有各种各样的海报可以延伸拓展。学生可以选择自己喜欢的题材再看一部电影，再去制作一张海报，进行海报创意大赛。这也是微电影创意写作。

三、电影与文学的一脉相承

再给大家举一个课例。

教师播放微电影《世界再大，不过一碗番茄炒蛋》。

【剧情简介】一个初到美国的中国留学生，为了招待他的外国朋友，发微信向母亲求助如何做番茄炒蛋。男孩父母发来语音短信，不仅没能帮助男孩，反而让男孩顾此失彼。就在男孩不知所措的时候，他的手机突然收到母亲发来的视频，原来是母亲正在厨房做番茄炒蛋，一边做一边讲解操作流程，父亲在旁边拍视频。最终，男孩做的番茄炒蛋得到伙伴们的称赞。无意当中，大家问到中国和美国的时差，这时，男孩才意识到中国处于凌晨 4: 20，正是人们睡得最熟的时候。

第一次看这部影片时，我泪眼模糊。世界上唯有父母能为孩子 24 小时开机。即便是在大洋彼岸，还是在凌晨时分，只要孩子需要，父母就可以马上起床为孩子现场直播，教他如何做番茄炒蛋。这部微电影除事例本身感人外，导演处理故事结构的技巧也很高超。

影片最后的情节与第二部分内容重合。如果是拙劣的导演拍摄，他可能会用双镜头同步呈现：左边的画面是位于中国的爸爸妈妈教，时针定格在凌晨 4: 20；右边的画面是大洋彼岸的儿子学，时针指向下午 4: 20。这样一对比，观众一目了然，但故事的感动指数却降低很多。然而，这部影片的导演采取的却是"突转"的叙事方法，对我们产生了巨大的情感冲击，所以我们才会潸然泪下。

这部电影拍摄的手法，其实跟我们写文章的方法是一样的，就是把包袱放到最后。

冯骥才的《俗世奇人》我非常喜欢，这部小说集于 2018 年获得第七届鲁迅文学奖短篇小说奖。这本书中的每一篇文章都非常精彩，适合五、六年级学生阅读，比如《张大力》：

侯家后一家卖石材的店铺，叫聚合成。大门口放一把死沉死沉的青石大锁，锁把也是石头的。锁上刻着一行字：

凡举起此锁者赏银百两

聚合成设这石锁，无非为了证明它的石料都是坚实耐用的好料。

可是，打石锁撂在这儿，没人举起过，甚至没人能叫它稍稍动一动，您说它有多重？好赛它跟地壳连着，除非把地面也举到头上去！

一天，张大力来到侯家后……手握锁把，腰一挺劲，大石锁被他轻易地举到空中。胳膊笔直不弯，脸上笑容满面，好赛举着一大把花儿！

…………

张大力听了，正色道："老板，您别跟我弄这套！您的石锁上写着嘛，谁举起它，赏银百两，您就快把钱拿来，我还忙着哪！"

谁料聚合成的老板并不理会张大力的话。待张大力说完，他不紧不慢地说道："张老师，您只瞧见石锁上边的字了，可石锁底下还有一行字，您瞧见了吗？"

张大力怔了。刚才只顾高兴，根本没瞧见锁下边还有字。不单他没瞧见，旁人也都没瞧见。张大力脑筋一转，心想别是老板唬他，不想给钱，以为他使过一次劲，二次再举不起来了，于是上去一把又将石锁高高举到头顶上，可抬眼一看，石锁下边还真有一行字，竟然写着：

惟张大力举起来不算

…………

读到结尾，学生笑了，多么巧妙！

石锁上边和下边各有一行字，构成了故事的张力。如果冯骥才在文章的开头就交代清楚石锁上边写着啥，下边写着啥，故事就不好玩了。

这就是包袱，把悬念放在后边，在故事发展到高潮的时候突然解开，让读者恍然大悟，“原来是这样”！既出乎意料，又在情理之中。我们可以用这样的电影和文章来教学生学写作，让学生编一个有包袱的故事，把悬念牢牢地攥在手里，从而牢牢地牵住读者的心，不到最后一刻，不把悬念解开。

这就是巧妙地融合电影和文学资源，教学生创意构思。

其实作文跟电影有很多相通的地方，只不过电影是用画面讲故事，作文是用文字讲故事。好作文就像一部好电影，只有具有画面感，故事才会精彩。把握故事的张力其实就是学生写作的核心能力。

电影语言与文学语言是基本相通的，如表 12-1 所示。

表 12-1　电影语言与文学语言的相通性

电影语言	文学语言
远镜头、中镜头、近镜头	群像描写、个体描写、特写
好事多磨	一波三折
蒙太奇	意识流
结局出人意料	陡转式结尾
插入回忆	插叙、倒叙
镜头淡出淡入	承上启下
借景抒情	借景抒情

讲一个大家耳熟能详的故事：

从前有座山，山里有座庙，庙里有个老和尚和小和尚，老和尚对小和尚讲故事：从前有座山……

这个讲故事的方法，其实就运用了远镜头、中镜头、近镜头。

“从前有座山”，这是远镜头，你远远看到一座蜿蜒起伏的山；“山里有座庙”，镜头拉近至中镜头，对准一座小庙；“庙里有个老和尚和小和尚”，镜头再拉近，对准老和尚和小和尚的动作表情，近镜头特写。这既是电影语言，也是文学语言。

所以，用电影教儿童进行创意写作具有得天独厚的优势。可以说，电影是有声有光有色的范文，微电影篇幅短小，耐人寻味，是创意写作的典范。从这个意义上说，用电影教写作，有其他文体或者艺术样式无法替代的优势，而且很符合儿童的思维特征。

再者，电影融合了舞蹈、文学、建筑、雕塑、绘画、音乐等多种元素，简直是艺术的集大成者，具有巨大的审美价值，而审美则是语文核心素养中很重要的一个维度。如果提升了儿童的审美素养、思想认识和精神境界，那么他写的文章也会有相应的进步。这就是电影的另一个熏陶作用，有助于学生的意义建构和精神提升。

当然，电影不是万能的。用电影教写作有一个弊端，那就是“造米下锅”。作文教学的最高境界是让学生自己“找米做饭”。用电影教写作的写作题材往往是教师提供的。我们可以用电影作为范例，教学生一些写作方法，并不意味着要取代其他写作方式，其他写作依然需要存在。不是说电影课程好，我们就无限夸大电影的作用，每一种教法都有局限性，重要的是看适不适合。

四、电影写作课教学策略与原则

目前，对创意写作教学的研究，大多停留在内容开发层面，亦即更多地研究用什么来进行创意写作。而对于如何指导学生创意写作，在教学策略研究方面，还不是很系统。

在此，我想结合不同时期我执教的三节微电影创意写作课，对创意写作教学策略做初步的梳理。

1. 表象激活策略

一个具有较强创意表达能力的人，其想象必定是自由的、饱满的。因此，在创意写作教学中，教师要千方百计地丰富学生的表象。而表象的丰富，则有赖于学生展开饱满的、自由的想象。想象直接决定着创意写作的质量。这种想象需要饱满、自由的展开，靠讲解，无异于缘木求鱼。学生的想象只能靠唤醒与激活。这种唤醒与激活，要通过各种有效手段来达成。暗示性的语言、直观形象的图片、有画面感的音乐，以及让人身临其境的视频，都是唤醒与激活想象的有效内容。

课例 1："亚马孙河探险记"（执教于 2004 年）

课始，教师带着学生收集关于亚马孙河的图文，在充分交流的基础上，观看《冲出亚马逊》电影的片段。之后，教师让学生闭上眼睛，借助三段音乐，开启虚拟探险之旅。

师：（煞有介事地）各位探险队员，经过认真的筹备，亚马孙河假想探险活动今天开始了，我们先从广州白云国际机场出发。请大家放好行李，系好安全带，飞机起飞了。（伴随飞机起飞声）我们先乘坐国际航班飞往香港，再从香港转机飞往智利。（响起飞机降落声）好，智利机场到了，请大家背上行李，准备出发……

（继续富有启发性地叙述）哦，终于见到了魂牵梦绕的亚马孙河。（音乐舒缓，伴随鸟叫）让我们进入这郁郁葱葱的原始森林吧，你都看到了什么呢？

（音乐节奏明显加快）也许有更多的秘密在森林深处，让我们继续往里走……

（音乐明显带有恐怖感）更危险的，也许在森林的更深处……

（音乐优美宁静）哦，这一切终于过去……让我们踏上回大本营的路。

请大家睁开眼睛。在刚才的假想探险当中，你看到了什么？遇到了哪些危险？经历了什么？请大家先在探险小队内交流一下。

生：我仿佛看见了一些猛兽在盯着我们，它们一步一步地逼近我们，我们只能向别的方向跑去。

生：我仿佛看到了一群吸血蝙蝠，它们一直跟着我，我用麻醉枪跟它们拼死抗争。

生：我仿佛看到了鳄鱼，我们在水里和鳄鱼搏斗。

生：我仿佛看见了一些凶恶的动物向我们扑过来。

生：我看到一些鱼张开嘴巴，很多小鱼小虾就游到它们嘴里去了。

主：我发现了一朵食人花。

生：我发现了一棵面包树，上面长满了面包一样的果子。

亚马孙河离学生太遥远。怎样让学生形成丰富的记忆表象？在这节创意写作课的教学中，首先，我和学生通过搜集资料，形成感知层面的表象；其次，通过观看视频，形成感性层面的表象；最后，通过音效想象，形成情境层面的表象。这三个层面依次展开，使学生脑海中的表象渐趋鲜活、丰满。此刻，学生的创意灵感被充分激活，想象便如同蓄积已久的山洪，闸门一旦打开，便奔涌而出，一泻千里！

2. 头脑风暴策略

“头脑风暴”是由美国创造学家亚历克斯·奥斯本于1939年首次提出、1953年正式发表的一种激发创造性思维的方法，又称“智力激励法”。头脑风暴经各国创造学研究者的实践和发展，至今已经形成了一个发明技法群，如奥斯本智力激励法、默写式智力激励法、卡片式智力激励法等。这些发明技法的共同特征，就是一个群体在一种既紧张又活泼的心理氛围的作用下，借助高强度的思考，通过灵感的激发与碰撞，使各种奇思妙想纷纷涌现。套用时下的流行语，头脑风暴可以让儿童脑洞大开。

头脑风暴非常适用于作文教学，尤其是在教师启迪学生习作思路的时候。教师可以通过创设话题情境，在一段时间内让学生的大脑毫无拘束地就某个主题进行密集的想象和思考。

课例 2："畅想图书馆"（执教于 2008 年）

师：同学们，让我们当一回图书馆的设计师吧。在你的心目中，未来的图书馆会有哪些全新的创意设计？让我们展开头脑风暴。头脑风暴就是围绕着一个话题，你说你的，我说我的，彼此不否定。这样，奇思妙想就会源源不断地涌现。我给大家一些提示（屏幕提示创意思路）。

环境：有哪些全新的设计？ 管理：有哪些人性化举措？ 技术：有哪些突破性创新？

师：只要你敢想愿想，未来的图书馆就诞生在你的创意中。同学们先在自己的座位上思考，用一张小纸条，把自己的创意写下来。如果你喜欢画画，那么你可以把自己的创意画下来，然后在小组内交流。

（教室里响起了欢快的音乐。学生沉思 1 分钟后，首先把自己的创意写在小纸条上，其次把小纸条贴在海报纸上，最后大家互相交流自己的创意，气氛热烈。5 分钟后，组长对大家的创意进行梳理、整合。）

师：现在，让我们看看大家头脑风暴的成果。由组长带着组员展示你们的创意。

生：我觉得图书馆里应该放几个机器人。如果你想借哪本书，就可以请机器人帮你找出那本书。比如，你想借《小豆豆频道》，就可以输入"小豆豆频道"这几个字。这样机器人就能帮你找出这本书。

生：我认为可以在图书馆里贴一些可爱的墙纸，这样会比较温馨。而且椅子也要多种多样的，这样既不会单调，也更人性化，更有人情味儿。

生：我认为每一种书都要放在一个特定的房间里。如果我想找关于太空的书，就可以进入"太空的房间"。房间里应该很黑，还有一块晶莹透亮的玻璃，里面是宇宙，是我们至今发现的四万个星球的位置。你需要书的时候，就可以躺在那里。只要舒舒服服地躺着，就能让书来找你。在等待的过程中，你可能会怕黑，不要紧，只要在你看书的地方放几盏灯，你就不会感觉害怕了。

…………

在上文引述的“畅想图书馆”的教学片段中，学生围绕“未来的图书馆有什么样的创意设计”这个话题，针对当下图书馆的不足，进行快速构思。学生各种奇特的想法不断涌现，且没有一个是重复的。教师在一旁不做任何解释和提示，只是面带微笑地看着他们。这种脑力活动有价值的地方在于能够激发学生持续不断地生产新创意，鼓励他们大胆地将个人的意见和想法清楚明确地表述出来。这种智力激励方法在打开学生写作思路方面，往往起到事半功倍的奇效。

3. 曼陀罗思考策略

“曼陀罗”一词很容易让人想起花，这种花原产于墨西哥（一说为印度），呈喇叭状向四周扩展。曼陀罗又是一种宗教用语，起源于佛教，音译为“圆满”之意。每个曼陀罗都有一个中心点，轮圆聚焦。日本的今泉浩晃博士对此加以转化利用，提出曼陀罗思考法。如果说传统的思维法是直线型思考，那么曼陀罗思考法则是多线轮圆的。它能将思维沿四面八方延展，让创意产生无限的可能性。曼陀罗的基本图式是九宫格思维，具体的做法是：将主题写在正中央，思维由此向八个方向扩散，找到构成中央主题的八个关键词语，进而再扩散。为了让各个关键要素有一定的联系，采用顺时针而行的策略来联系各要素。在这个过程中，主题即是聚焦点，聚焦点需凝视；各要素是发散点，发散点要思考。作为创意思维的主体“人”，其感官与思维活动即是“凝视＋思考”，反复轮回，无限延伸。

曼陀罗思考法与创意写作之间是否有关联呢？实践验证了这个有趣的假想。“曼陀罗”一词，对学生来说虽然是陌生、抽象的，但是正如形式主义学者什克洛夫斯基所说，“艺术的技巧就是使对象陌生”，陌生可以让创意更具“未知的精彩”。把曼陀罗思考法转化为创意写作法，就是以一个主题词为中心点，无限向四周生发，用创意来写作。当抽象的名词具化为一种写作工具，陌生化为可以触摸的熟悉的事物时，它便有了落地的意义。实践中，这样的思维样式很容易在学生脑海中形成图谱，进而内化为自我的写作思维方式。

课例 3："曼陀罗创意写作法"（执教于 2017 年）

这是一节微电影创意写作课，电影资源来源于奥斯卡获奖动画短片《神奇飞书》，观看剪辑过的电影片段之后，我让每个学生写下不少于三个问题，四人小组对问题进行叠加、筛选、重组、排序，去掉重复问题之后，把写有问题的八张小纸条按逻辑顺序贴入九宫格中。这一过程，具体如下：

（观看电影片段一）

1. 概括短片主要内容。

师：说一说，你看明白了哪些内容？（提示：这是什么地方？你看见了哪些有意思的事情？）

生：一个人走进一个图书馆里，那里的书都会飞。后来，他看到了一本在钢琴上演奏的书，他和它们跳起了舞。

师：这位同学非常厉害！用非常简洁的语言把这部微电影的前半部分讲得清清楚楚。那后来又发生了什么事情呢？

生：后来，那个人发现有一本书老了、不太好了，他就想办法帮它治病。

师：谁把两位同学讲的内容相加？

生：一个人，来到一个图书馆，那里的书都会飞，还会跳舞。后来，他发现一本书病了，于是他想救这本书。

2. 自由提问，把问题记下来。（提示：可以围绕"何地、何人、发生了什么、结果怎么样、为什么"提问）

问题 1：青年是怎么来到这里的？

问题 2：书本来是没有生命的，为什么会唱歌、跳舞？

问题3：为什么这个人开始全身是灰白色的，后来渐渐有颜色了呢？

问题4：为何这位青年来了，书就活了？

问题5：这本老书为什么会生病？

问题6：老书边上的小书为什么扶着它？

问题7：青年为什么救这本老书？

问题8：这本老书被救活了吗？

问题9：之后还会发生什么事？

3. 整理问题，选择八个问题，按序排入九宫格。如表12-2所示。

表12-2 《神奇飞书》曼陀罗思考法

1. 他是谁？	2. 来这里干什么？	3. 遇到什么怪事？
8. 结局怎样？	神奇飞书	4. 原因是什么？
7. 会有波澜吗？	6. 怎样解决问题？	5. 需要什么帮助？

形式：组成四人故事小组。

全班同学交流，看哪些问题需要合并，哪些问题可以补充，哪些问题先后顺序需要调换。

以上教学片段，基于学生的认知能力和期待，运用曼陀罗创意写作法，次第打开了学生的创意写作视野和精神世界。曼陀罗的中心点是“神奇飞书”，每位学生先提出不少于三个问题，然后四人小组合作重组问题。在叠加和筛选中，师生共同梳理问题，调换问题的顺序，最终完成故事创编。曼陀罗思维的展开与回收，自由自如。在这个“问”与“梳”的过程中，学生的思维既逐渐丰富，又经得住逻辑考量。师生把问题回答好了，学生的故事也就编好了。

4. 电影写作课的三条原则

（1）优中选优。选择什么样的电影非常重要。应该选择有童趣、艺术性比较强、画面比较美的电影。童趣排在第一，艺术性排在第二，画面感排在第三。

（2）精心剪辑。课堂时间是一个常数，而电影时间不定，有的电影时长一个多小时，有的电影时长两个多小时。电影进入课堂，必须进行选择，甚至再设计，使之成为镜头和镜头的组合。

（3）辅助写作。看电影本身不是教学的目的，服务教学、辅助写作才是它的使命。不要喧宾夺主，不要为了看电影而看电影。

教学是简约的艺术，因为电影有着不可替代的作用，所以我才选用它来辅助作文教学。如果你想了解更多关于电影写作课的创意探索，那么可以阅读《光影中的创意写作——46 节电影作文课》一书。

后 记

这本演讲录，来源于蒲公英教育智库开设的网络课程。这既是一本“说”出来的书，又是一本“长”出来的书。

这的确是一本“说”出来的书。

应吴虹、秦双梅女士的约请，我于2016年10—11月和2018年10—11月，先后两度开设网络课程“从骨干教师到卓越教师”“创新型教师12堂必修课”。主要讲教师的专业发展，听课人群大多是成长中的年轻教师、骨干教师。

那是一段艰辛而幸福的授课时光。

说它艰辛，有两个方面的原因。一是网络授课和现场讲课差别巨大。现场讲课有观众，有互动，有回应，可控性强。网络授课时授课者经常处于自言自语的状态，一如站在空空荡荡的剧院里，独自面对空气讲课。为了让听课的教师不至于在听课时产生睡意，我尽量少讲理论性的内容，多讲故事和实操案例，因此，这本书写的大部分是实践性的内容。有时，我还要面对临时出差或网络信号不稳定等诸多不确定因素。二是网络授课对课程内容的要求更高。两个多月时间，面对同一拨儿人，连续讲12次课，每次讲一个半小时，所讲内容不能重复，所举例子不能雷同，且在讲座结束后要接受学员的即兴提问，要瞬间做出回应，这对我来说，的确是一种巨大的挑战。有时，直播前20分钟，我连饭都来不及吃，还在反复修改课件。其中艰辛，无法细说。

说它幸福，也有两个方面的原因。一是讲课本身所带来的幸福感。看着自己精心准备的课，受到来自五湖四海的学员的热烈回应，这种幸福感是从心底升腾而起的。二是学员们此后的成长带给我的满足感与成就感。应当说，参与网络听课的，都是非常爱学习的教师。这些教师有强烈的成长愿望，不少是自费参与的。这些全程参与听课的教师，课程结束后，自发地与我结为成长共同体。课程结束，生长开始。有的教师在写作上突然开窍，常有佳作见诸报端，其中一位教师 5 年发表了近 50 篇文章，拿到了省级论文评比活动的特等奖；有的教师潜心于课程建设，在某个领域屡有卓越表现；有的教师成为网络课程的核心导师，带着全国数万名小学生潜心阅读；有的教师在全国教学比赛中评上特等奖、一等奖；有的教师成为学校课程建设的核心人物；有的教师成长为副校长、校长，其中有两位教师被评为特级教师……

所有的成长，都是教师自身努力的结果。我和我的课程，只是起到有限的助推作用。有幸见证这些教师的成长，我倍感欣慰。

不少学员在与我交流的过程中，说自己在课程结束后，常常进入课程回放区，回听我的课程，每次重听都有不同的收获。于是，我萌生把演讲内容整理成书的想法。至少，可以让没有机会听课的教师，从文字中获得成长的力量。

我整理了初稿，丁素芬和陆麒娟两位学员后期深度介入，经过无数次讨论、梳理和统整，终于，在 2019 年 3 月中旬，她们把相对完整的 15 讲稿子交给了我。我花了两个月，又做了一次深度梳理，并请邱成立先生做了较大幅度的压缩。

预计于 2019 年 7 月再次修订，8 月份把稿子交给出版社的。后来，2019 年 8 月，我辞职了。于是，书稿修订，一再搁浅。这一搁，就是两年。

一晃到了 2021 年，无法再搁了。2021 年 4—5 月，因过度劳累，我耳鸣发作。我谨遵医嘱，在家休整。其间，我重拾书稿，再次修订。

再次修订时，我才发现，我的很多观点已经发生了巨大变化，有些课例也已时过境迁。

为了尊重事实，又能做到与时俱进，我对书稿做了一些技术处理。观点变化的，按照现在的思考来改写；所举的课例，均来源于两次网络课程。因此，演讲录中的少量案例，是原人教版教材里的。原定 15 讲，有的内容现在觉得相对肤浅，便忍痛删掉。还有其他一些内容，也因篇幅缘故，撤了。

从这个意义上说，这本书的确是“长”出来的，越长越瘦，也越长越丰富。

特别需要说明的是，整本书先“说”后写，尽管后期做了比较多的润色，但依然有明显的口语痕迹，有些地方甚至有些啰唆，请读者朋友见谅。

现在，回顾成书历程，真是百感交集。

借此机会，特别感谢丁素芬、陆麒娟、邱成立等朋友的辛勤劳作，也要感谢所有为这本书的整理付出心血的伙伴们，她们分别是曾燕燕、梁文雅、王宁宁、任小晋、狄柳英、王克梅等。

愿这本小书像一颗颗蒲公英种子，飞向辽阔的适合它生长的土地。